Récits Historiques et Légendaires

DE

LA FRANCE

Les Diners

DE

SAINT-BLANCARD

PAR

BARON-LAGARDE.

PARIS   LEIPZIG
LIBRAIRIE DE P.-M. LAROQUE,   Ch. A. KITZLER, COMMISSIONNAIRE,
Rue Bonaparte, 66.   Querstrasse. 34.

H. CASTERMAN
TOURNAI.

DU MÊME ÉDITEUR :

RÉCITS HISTORIQUES ET LÉGENDAIRES DE LA FRANCE.

— Nous commençons sous le titre de *Récits historiques et légendaires de la France*, une collection d'ouvrages qui nous semblent tout à fait de nature à plaire à la jeunesse. Il y aura un volume pour chacune des anciennes provinces françaises, quelquefois plusieurs, mais toujours, comme ceux-ci, avec intitulé spécial. Les faits d'autrefois et d'aujourd'hui, les curiosités de tout genre seront décrits aux jeunes lecteurs avec tout le charme du style et l'intérêt du drame, mais on ne s'écartera jamais du vrai. Chaque volume in-12, d'environ 120 pages, est orné d'un sujet gravé et élégamment broché.

Cette intéressante collection s'enrichit constamment de nouveaux volumes.

Récits Historiques et Légendaires de la France.

──◆──

LES DINERS DE SAINT-BLANCARD.

RÉCITS HISTORIQUES ET LÉGENDAIRES DE LA FRANCE.

Cette intéressante collection s'enrichit constamment de nouveaux volumes.

Il se plaça debout à l'entrée, bien décidé à défendre ce passage jusqu'à la dernière goutte de son sang.

LES DINERS

DE

SAINT-BLANCARD

OU

Les Pyrénées Orientales;

Par BALECH-LAGARDE,

Auteur de Basques et Béarnais, etc., etc.

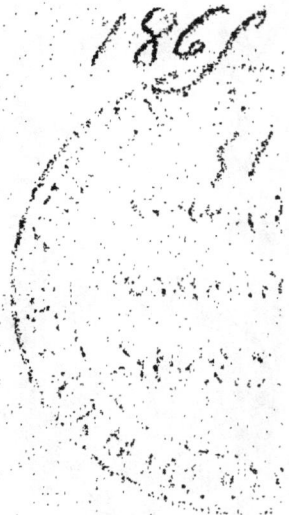

PARIS

LIBRAIRIE DE P.-M. LAROCHE,
Rue Bonaparte, 60.

LEIPZIG

L. A. KITTLER, COMMISSIONNAIRE
Querstrasse, 34.

H. CASTERMAN
TOURNAI.
1865

LES DINERS

DE

SAINT-BLANCARD

--→ ∎ ←--

I

Où le lecteur fait connaissance avec tous les personnages de cette très-véridique histoire.

Il serait difficile de trouver un personnage plus excentrique et plus franchement original que Saint-Blancard. Originaire des Pyrénées-Orientales, il avait réalisé à Paris, dans le négoce des sangsues (il n'y a pas de sot métier, dit le proverbe) une fortune assez considérable, et après avoir vendu son fond, comme on dit en style de commerce, il s'était retiré dans son département, à Estagel, où il partageait son temps entre la pêche à la ligne et la lecture des classiques, car Saint-Blancard était un ennemi acharné de tous les livres sans distinction qui portaient l'estampille du XIXe siècle.

La petite ville d'Estagel, où Saint-Blancard

avait établi définitivement ses dieux lares, était admirablement choisie; c'est en effet une des localités les plus gracieuses et les plus prospères du département; elle est propre, elle est coquette, elle a des boutiques luxueuses qui ne dépareraient pas certaines grandes villes, et ses campagnes couvertes de vignes et d'oliviers en font une résidence précieuse pour les gens qui redoutent les frimas du nord; la pittoresque et charmante chaîne des Corbières, qui est comme le cadre du paysage, est un but de promenade que les artistes ne dédaignent pas; là se trouvent les deux ermitages de *Notre-Dame-des-Peines*, et de *Saint-Vincent* auxquels se rattachent 'intéressants souvenirs.

Située sur les rives de l'Agly, à 24 kilomètres de Perpignan, la petite ville d'Estagel n'a que 3000 à peine de population; mais sa fabrication d'huiles, ses distillations d'eaux-de-vie, les nombreuses carrières de marbre gris qu'elle exploite, l'importante quantité de miel qu'elle retire de l'éducation des abeilles, la placent au rang des premières cités industrieuses et commerçantes des Pyrénées-Orientales.

C'est là, ainsi que nous venons de le dire, que Saint-Blancard avait résolu de finir paisiblement ses jours.

Ses salons, car il avait des salons, étaient ouverts pour ainsi dire à tout le monde, mais sa société habituelle se composait le plus souvent des personnages suivants :

1° Eustache Lenoir, marchand de draps, bonhomme réjoui, causeur agréable qui n'avait qu'un travers, celui de faire des calembourgs à tout propos, et même sans à propos.

2° Isidore Blondel, jeune littérateur du crû qui possédait un mystérieux coffre tout bourré de manuscrits, correspondant du *Midi artistique*, de Toulouse, pour tous les événements littéraires, et scientifiques qui s'accomplissaient dans la bonne ville d'Estagel.

3° Léon Hilaire, fils de famille, accablé de loisirs, qui passait la moitié de sa vie à bayer aux corneilles et le reste à ne rien faire ; au demeurant, garçon intelligent et fort spirituel.

4° Slyvain Moutonnet, instituteur de l'endroit, homme sensé, penseur judicieux, que quinze années consécutives d'enseignements primaires avaient un peu abruti : on le serait à moins.

5° Auguste Perrot, employé des contributions indirectes en train de faire son surnumérariat ; sorte de demi lion de la localité qui, le dimanche, cherchait à éblouir les héritiers d'Estagel par la magnificence de ses gilets, et l'originalité de ses cravates.

6° Et enfin le pauvre Cyprien, un des frères de Saint-Blancard, que celui-ci, abusant de son proche degré de parenté, prenait pour point de mire de ses railleries et de ses quolibets. Cyprien, qui mieux que personne connaissait l'extrême bonté de son frère, acceptait toutes les plaisan-

teries en riant, et comme le grognard de M.
Scribe, savait se taire sans murmurer.

Nous avons dit que Saint-Blancard était un
original; nous devons ajouter qu'il était aussi ce
que l'on appelle un farceur, une détestable race
de plaisants qui tend tous les jours à disparaître.
Le farceur s'en va, et certes ce n'est pas domm-
mage. Les plaisanteries de Saint-Blancard, s'il
fallait les énumérer, occuperaient la moitié de ce
livre; elles lui avaient fait dans la ville une réputation d'homme d'esprit, ce qui prouve une fois
de plus combien parfois les réputations sont men-
teuses. Eustache Lenoir, qui passait les trois
quarts de la journée sur le seuil de sa boutique à
attendre les clients, lui servait souvent de com-
plice, et se transformait volontiers en compère,
lorsqu'il s'agissait de mystifier un naïf habitant
des campagnes. Un jour, ce dernier aperçut dans
la rue une jeune fille des environs portant à la
main une cage en osier dans laquelle se trouvait
emprisonné un malheureux geai que l'on avait
pris au nid. Aussitôt il lui vint à la pensée de se
jouer, avec Saint-Blancard, de la crédulité de
cette enfant.

— Holà! lui cria-t-il, est-ce que vous voulez
vendre cet oiseau?

— Certes oui, que je voulons le vendre, répondit la jeune fille; je l'ons apporté exprès.

— Combien en voulez-vous?

— J'en demandons six sous, y compris la cage.

— Malheureuse! s'écria Lenoir, mais vous

êtes donc folle! Six sous! apprenez qu'il vient d'arriver ici un anglais riche à millions; il est venu dans le pays chargé, par son gouvernement, d'acheter tous les geais qu'il pourrait trouver; il les paie vingt francs pièce. Il paraît que les geais manquent complétement en Angleterre. Revenez dans une heure, je vous mènerai chez lui, et vous toucherez vingt francs.

La pauvre fille des champs, émerveillée par la perspective d'une pareille vente, croyait faire un rêve; elle rôda dans les rues d'Estagel en proie à des idées de fortune, et se gardant bien d'offrir son geai à âme qui vive. Il lui avait bien paru étrange tout d'abord qu'un pareil oiseau pût se vendre vingt francs, mais elle attribua cette énorme hausse de prix à une crise subite de geais, et à l'heure convenue elle se trouva chez Eustache Lenoir.

Celui-ci, on le devine, la conduisit chez Saint-Blancard, qu'il avait eu le temps de prévenir, et qui avait fait de son mieux pour se donner les apparences d'un fils d'Albion. Il faisait semblant de ne pas comprendre le français, et répétait à chaque instant :

— Moi, être bien malheureux de ne pas savoir le parler de France.

Mais Lenoir fit l'office d'interprète, et Saint-Blancard, après avoir minutieusement examiné le geai, déclara qu'il était d'une espèce très-rare, et qu'il valait trente francs au lieu de vingt; seulement il lui était défendu par son gouverne-

ment de les acheter autrement que deux par
deux. Le marché fut donc ajourné et la jeune
fille dut se mettre en quête d'un nouveau geai en
bas âge. Elle revint huit jours après, munie des
deux volatiles, mais Saint-Blancard lui dit qu'il
ne pouvait les prendre, attendu qu'ils n'étaient
pas exactement semblables. A quelque temps de
là, nouveau voyage de la jeune fille qui apportait
cette fois une véritable collection de geais. Tous
les nids des environs avaient été mis au pillage.
Saint-Blancard les refusa encore, prétendant qu'il
fallait avant tout leur apprendre à chanter en
anglais. Cette dernière exigence était trop forte;
elle mit un terme à la mystification.

Telles étaient les espiègleries que se permettait
Saint-Blancard, en collaboration avec son compère Lenoir. Dans son intérieur et avec ses amis,
il faisait du despotisme pour rire, et tous ceux
qui le connaissaient se soumettaient à ses bizar-
reries et à ses caprices. Souvent il paraissait
colère, emporté, mais son emportement était
simulé et sa colère factice. Son grand plaisir
était de s'habiller en turc, et d'imiter, dans son
salon, l'absolutisme des princes orientaux; il
prenait alors des allures terribles véritablement
amusantes; il commandait les uns et les autres le
sabre à la main, et ceux qui n'obéissaient pas
promptement étaient fort mal menés; pour lui
être agréable, il fallait faire semblant de le prendre au sérieux, et avoir l'air de le craindre.
Parfois il voulait que l'on ne fumât qu'à son

commandement, et quand il avait donné le signal il fallait que toutes les pipes s'allumassent à la fois. Tantôt, il indiquait à l'avance, et dès le début de la soirée, l'heure précise à laquelle on devait prendre congé de lui. Il ne fallait pas partir ni une minute plus tôt ni une minute plus tard. Dès que l'heure désignée venait à sonner à la pendule placée sur la cheminée, il sautait sur son grand sabre turc, et malheur alors à ceux qui n'avaient pas gagné l'escalier; ils étaient assurés d'avoir leurs chapeaux aplatis à coups de rapières. Cette façon de congédier son monde produisait toujours une scène de confusion et de désordre qui faisait la joie de Saint-Blancard.

Au demeurant, et à part ces inoffensives excentricités, c'était bien le meilleur homme qu'il fût possible de rencontrer. Serviable à l'excès, complaisant à l'extrême, d'un dévouement à toute épreuve, il n'avait jamais eu le courage de refuser un service, et sa bourse, chose rare chez un parvenu de la fortune, était toujours à la disposition de ses amis.

Tant de qualités devaient, on le comprend, faire absoudre quelques imperfections de caractère, quelques manies plus ou moins ridicules, et cela explique, pensons-nous, pourquoi Saint-Blancard, malgré le ton Louis XIV qu'il prenait chez lui, avait un cercle d'amis toujours prêt à l'applaudir et à le louer. Les bons dîners qu'il donnait; les liqueurs, les pâtisseries, les cigares, les vins fins que l'on trouvait toujours chez

lui à profusion n'étaient peut-être pas étrangers à
cette ferme constance des amis, car si aujourd'hui
on ne gouverne pas les hommes par des dîners,
comme du temps de Boileau, il faut reconnaître
que les bons repas, gracieusement offerts, ne
nuisent en rien aux relations sociales.

Les dîners de Saint-Blancard pouvaient se
diviser en deux sortes : les dîners d'apparat, de
cérémonie et les dîners intimes où n'étaient ad-
mis que les familiers de la maison; ces derniers
étaient toujours rehaussés par quelque bouffon-
nerie d'un goût parfois discutable, mais qui avait
le privilège invariable de divertir énormement la
société. Parfois, au moment où une dinde truffée
faisait son apparition sur la table, il mettait dans
un chapeau les noms de tous les convives, et
celui qui voyait le sien sortir le premier était
condamné à se priver du succulent rôti; lui-
même n'était pas exempt de la règle, et lorsque
le sort le désignait, ce qui était arrivé une ou
deux fois, il se soumettait aux décisions du ha-
sard avec une bonne grâce charmante. Après cet
exemple donné par le maître, nul n'aurait osé
murmurer contre les arrêts de la destinée; celui
d'ailleurs qui ne se serait pas exécuté avec gaîté
aurait été criblé de quolibets et frappé d'ostra-
cisme. D'autres fois, et sans autre confident que
sa cuisinière, il logeait traîtreusement des bulles
de noir de fumée dans les beignets, et qu'on
juge des cris de joie, des rires bruyants, des
battements de mains des convives lorsque l'en-

tremets perfide allait barbouiller de noir le visage
de celui qui l'avait attaqué à belles dents !

Et c'est avec ces innocentes inventions que
Saint-Blancard parvenait à s'amuser, tout en
divertissant ses convives. Heureux homme, bien-
heureux convives !

II

De l'Académie que Saint-Blancard fonda en la bonne ville d'Espagel, et des sujets qu'il mit au concours.

Mais tout s'améliore dans ce monde, et c'est surtout en l'an de grâce 1861 que les dîners de Saint-Blancard entrèrent dans une phase progressive que notre devoir d'historien nous oblige de signaler. Il lui prit fantaisie un jour de mettre au concours son éloge en vers, et en vers de douze pieds, s'il vous plaît. Chaque pièce devait avoir cinquante alexandrins au moins, et deux cents au plus. Il était loisible à chaque concurrent d'envisager Saint-Blancard sous l'aspect qui lui paraîtrait le plus favorable au développement de son inspiration, mais on ne devait parler que de lui, rien que de lui. Le prix du concours était une fourchette d'honneur et un verre en cristal d'une contenance d'un demi-litre, objets que le lauréat couronné aurait à sa disposition et à son service particulier durant tous les dîners à venir. Le prix décerné demeurait, comme on le voit, la propriété de Saint-

Blancard ; le poète vainqueur n'en avait que l'usufruit.

Contrairement aux usages adoptés dans les concours poétiques, où on ne mentionne que les bonnes pièces, il y avait, dans les nouveaux jeux floraux institués par Saint-Blancard, un châtiment réservé à la production la plus idiote ; celui qui en était coupable devait, le jour du dîner, se transformer en garçon de restaurant, et les cheveux frisés, la serviette sur le bras, servir très-obséquieusement ses amis, quitte ensuite à aller dévorer à l'office sa honte et les restes du festin. Cette justice distributive de Saint-Blancard avait du bon, convenez-en, et si elle était en vigueur dans nos académies, les choses n'en iraient peut-être pas plus mal.

Cependant, nous sommes forcés d'en convenir, il y avait un vice radical dans le concours fondé par Saint-Blancard, et ce vice, le voici : c'est lui seul qui composait le jury d'examen. Moi seul, et c'est assez, s'était dit le despote d'Estagel ; or il est de toute évidence que le jury ainsi organisé ne présentait pas aux poètes toutes les garanties d'équité et d'impartialité désirables en pareille occurrence ; mais que voulez-vous ? rien n'est parfait en ce monde.

Cette idée d'un concours littéraire fut accueillie avec l'enthousiasme un peu servile qui était inévitablement réservé à toutes les motions de Saint-Blancard, motions qui n'allaient jamais se heurter contre les amendements de celui-ci, les paragraphes additionnels de celui-là et l'ordre du jour de cet autre. Tous ses projets de loi, à lui, étaient adoptés à l'unanimité, et jamais encore il n'avait vu son drapeau ridé par le souffle de la moindre opposition.

Tous voulurent prendre part à ces joûtes, espérant avoir une place au dîner; Eustache Lenoir lui-même, le jovial et gai compagnon de Saint-Blancard, se décida, pour la première fois de sa vie, à enfourcher Pégase, et Slyvain Montonnet fit résolument appel aux neuf muses.

Ce fut Isidore Blondel, le jeune correspondant du *Midi artistique* de Toulouse, qui remporta le prix : il avait composé tout un poème qui s'élevait aux plus hautes régions de l'art ; son début surtout avait quelque chose de pompeux et de solennel :

> Je chante dans ces vers notre ami Saint-Blancard,
> On lui doit cet honneur, je crois, *à tous égards :*
> C'est un cœur généreux, une âme noble et grande
> Et dans *tout* Estagel *un chacun* se demande
> Si ce n'est pas pour nous un grand bienfait du Ciel,
> Que d'avoir *en ces lieux* un semblable mortel.
> Je chante ses vertus, son esprit, ses mérites,
> Je dirai sa bonté...

Par un juste retour des choses d'ici-bas, ce fut le mystificateur Eustache Lenoir qui se vit contraint de jouer le rôle de garçon de salle. Il faut dire aussi qu'il avait bien mérité cette punition. On lisait dans sa pièce de vers :

Saint-Blancard est un homme que partout on vénère,
Il n'a pas son pareil sur la terre :
Célébrons sa bonté et son cœur généreux,
Et crions tous ensemble : honneur à Saint-Blancard.

Nous vous faisons grâce du reste. Cet essai poétique du marchand de drap, brillait par toute sorte de défauts; il se terminait par un appel à l'indulgence aussi mal rimé que les quatre vers ci-dessus; mais Saint-Blancard, en homme juste mais sévère, lui avait refusé le bénéfice des circonstances atténuantes.

Le succès de ce premier dîner littéraire dépassa toutes les espérances. Jamais les convives de Saint-Blancard n'avaient mangé d'aussi bon appétit et ri d'aussi bon cœur. On déclara à l'unanimité que ces luttes de l'esprit étaient l'innovation la plus heureuse du monde, et tous furent d'accord pour demander une suite; Eustache Lenoir seulement, qui n'était pas très au courant de la langue des dieux, demanda timidement que les compositions ne fussent plus en vers.

Saint-Blancard était trop fier de ce résultat pour ne pas faire droit aux vœux de ses convives; mais comme l'éloge de sa personne ne pouvait pas fournir éternellement le sujet du concours, il demanda une semaine pour régler le programme du second dîner. Huit jours de méditation n'étaient certes pas de trop pour une affaire aussi importante. Il eut d'abord la pensée de donner pour sujet l'*histoire du commerce de sang-sues en France*, mais sur l'observation de Moutonnet que les bibliothèques d'Estagel ne contenaient aucun document sur la matière, il chercha autre chose.

Après de longues et laborieuses réflexions, Saint-Blancard trouva une idée dont il fut si satisfait qu'il jugea nécessaire de réunir en un dîner préparatoire les membres de l'aréopage afin de leur en donner connaissance.

— Messieurs, leur dit-il, nous allons arrêter aujourd'hui les conditions de notre second concours. J'ai une idée excellente.

— Voyons l'idée, dit Léon Hilaire; développez.

— Elle est adoptée d'avance, s'écria Perrot avec le ton d'un ancien *satisfait* de la chambre.

— Messieurs, reprit Saint-Blancard avec un légitime orgueil, je mets au concours l'histoire de notre département. (Stupéfaction dans l'assemblée. Eustache Lenoir est atterré.)

— Oh! oh! murmura Moutonnet, l'histoire du département!

— Pourquoi pas l'histoire du monde depuis le déluge jusqu'à nos jours, interrompit Hilaire.

— Sera-ce une histoire en vers? demanda Lenoir, qui déjà se voyait la serviette sur le bras.

— Certainement, répondit Blondel, mais des vers sans rime ni mesure; ce sera plus aisé.

— Permettez, continua Saint-Blancard, vous vous méprenez sur les termes de ma proposition. Je ne demande pas une histoire dans le sens absolu du mot.

— Il veut une histoire sans histoire, dit tout bas Léon Hilaire; il en est bien capable.

— Vous vous contenterez de retracer, dans un style vif et coloré, les faits les plus importants qui se rattachent à l'histoire des principales cités du département; vous direz un mot des personnages célèbres qu'elles ont vus naître et des souvenirs intéressants qui s'y rattachent. Ah! par exemple, il ne faudra pas négliger les débris des monuments anciens, tels que châteaux, églises, abbayes. Si vous connaissez quelque jolie légende, il faudra la relater. Vous voyez, messieurs, que cela n'est pas la mer à boire. Ce ne sera point une histoire, puisque ce mot vous épouvante, ce sera tout bonnement le tableau pittoresque, historique et légendaire des Pyrénées-Orientales.

— J'aime assez le *tout bonnement*, dit Léon Hilaire à mi-voix; il se figure qu'on fait un travail de ce genre comme une soupe à l'oignon.

— C'est une œuvre de géant, exclama Perrot, l'employé des contributions indirectes. Combien de temps nous accordez-vous?

— Je demande cinq ans, dit Eustache Lenoir, et certes ce n'est pas trop.

— La séance solennelle, c'est-à-dire le dîner n'aura lieu que dans trois mois à partir de ce jour; je crois que ce délai est suffisant. (Murmures nombreux.)

— Mais faites donc attention, Messieurs, repartit Saint-Blancard, que vous êtes autorisés à vous diviser le travail; l'un fera, je suppose, l'histoire de Perpignan, un second écrira une légende et le troisième nous racontera le glorieux passé de quelque monastère en ruines, de telle sorte, qu'en réunissant ces divers fragments, l'on puisse former un tout homogène et à peu près complet. Vous vous assemblerez en comité secret pour vous entendre sur les détails d'exécution, cela vous regarde.

— Le programme s'humanise et devient abordable, dit Isidore Blondel, l'heureux vainqueur du premier concours : je crois que maintenant nous pouvons nous risquer.

— Du moment où le même n'est pas obligé de faire le travail en entier, appuya Léon Hilaire.

— Nous choisirons les sujets qui se rapportent le mieux aux connaissances que nous possédons, insinua le prudent Moutonnet; pour moi, je m'empare d'hors et dejà de l'histoire de Perpignan.

— Halte-là, Monsieur, repartit vivement Isidore Blondel, Perpignan m'appartient par droit de naissance.

— Je l'ai par droit de priorité, et je le conserve.

La discorde allait se mettre dans le camp; Saint-Blancard se hâta d'intervenir.

— Encore une fois, messieurs, je vous ai dit que vous deviez régler ces détails en comité secret. Je dois, en ma qualité de juge, y rester étranger, d'ailleurs j'ai encore à vous faire connaître les conditions du concours. Comme il s'agit cette fois d'un travail sérieux, et non d'une futilité, il est juste que les récompenses soient en harmonie avec l'importance des sujets; en conséquence il y aura un premier prix de 50 francs affectés à celui qui aura le mieux présenté l'histoire d'une localité, et deux prix de 25 francs chacun à ceux qui n'auront mérité qu'un accessit.

— Bravo, bravo! s'écrièrent tous les assistants; c'est absolument comme dans les académies.

— Clémence, Isaure est enfoncée, hurla Isidore Blondel; gloire à Saint-Blancard!

— Ce n'est pas tout, Messieurs, reprit ce dernier, je réserve une mention honorable pour les morceaux qui n'auront pas été jugés dignes d'un accessit; cette mention donnera droit à l'insertion dans le volume avec le nom de l'auteur.

— Comment! il y aura un volume! exclama Léon Hilaire, un volume imprimé!

— Mais cela n'est pas possible, dit Isidore Blondel qui voyait déjà son nom s'étaler en petites capitales au bas de ses articles, Ah! sournois de Saint-Blancard, vous nous ménagiez cette surprise, venez que je vous embrasse.

— Mais comment ferez-vous? hasarda Cyprien, puisqu'il n'y a pas d'imprimerie à Estagel.

— Triple imbécile! est-ce qu'il n'y en a pas à Perpignan? d'ailleurs, Messieurs, le volume ne sera pas même imprimé à Perpignan; je veux qu'il sorte des presses toulousaines, il sera imprimé chez Dupin, rue de la Pomme, à Toulouse, celui qui fait de si belles affiches.

— Est-ce que vous avez l'intention d'y employer

des caractères d'affiches? demanda Léon Hilaire.

— Pourquoi pas, si c'est dans le *caractère* de Saint-Blancard, répondit triomphalement Eustache Lenoir, tout fier de son jeu de mots.

— Le voilà encore avec ses détestables calembourgs, dit Moutonnet, qui abhorrait ce genre d'esprit, l'esprit de ceux qui n'en ont pas, a dit quelqu'un ; j'espère bien que vous nous servirez encore à notre grand dîner, ce sera même une punition légère.

— Messieurs, dit Saint-Blancard, je dois vous faire observer que j'ai aboli ce châtiment ; il ne m'a pas paru compatible avec la gravité des sujets mis au concours ; tout le monde donc dînera à table à notre distribution de prix ; seulement ceux d'entre vous qui n'auront produit que des platitudes se verront exclus du volume, et leur travail deviendra la propriété des vainqueurs qui seront libres de s'en servir, s'il y a lieu, pour compléter leurs études. Voilà, Messieurs, en substance, tous les articles du code, avez-vous des observations à faire?

Mais, nous l'avons déjà dit, les décrets de Saint-Blancard ne rencontraient jamais aucune opposition ; une approbation unanime consacra tous les paragraphes de son senatus-consulte, et les convives se séparèrent en se promettant de se trouver, sur lieu du combat, le manuscrit à la main, au jour indiqué par le maître des cérémonies.

III

Où l'Académie, fondée par Saint-Blancard, porte ses fruits. Histoire de la ville de Perpignan.

La question de la division du travail faillit amener une guerre générale ; les discours les plus violents furent échangés de part et d'autre ; on se renvoya les termes les plus désobligeants, plusieurs orateurs sonnèrent même le tocsin de la révolte à l'endroit de l'absolutisme de Saint-Blancard, et il fut question un moment d'une nouvelle convocation des états-généraux d'Estagel ; cependant toutes ces passions se calmèrent, et après trois séances aussi longues qu'orageuses, les membres de la nouvelle académie finirent enfin par se mettre d'accord sur les sujets qu'ils devaient réciproquement traiter. Il ne restait plus qu'à se mettre à l'œuvre.

Il fallait voir au jour solennel du concours, les salons de Saint-Blancard ! Ils étaient ruisselants de fleurs, de draperies et de cristaux ; on avait dépouillé les fauteuils de leurs housses économiques, on avait couvert le parquet de tapis à grands ramages, on avait mis sur la table le linge le plus fin, la vaisselle la plus précieuse; à tout moment on voyait arriver des gens endimanchés; les cuisiniers, les valets ne savaient où donner de la tête, et semblaient piqués de la tarentule; on aurait dit un jour de fête.

Pendant les trois mois qui s'étaient écoulés, Saint-Blancard avait apporté quelques amendements à sa constitution primitive; ainsi il avait décidé que tous les articles seraient lus par leurs auteurs respectifs en séance publique, et que les récompenses ne seraient décernées que huit jours plus tard; il avait résolu également d'inviter à cette solennité littéraire tous les notables de la ville. Cette double mesure était une preuve évidente de la modestie de Saint-Blancard, qui, se méfiant de ses propres lumières, était bien aise, avant de prononcer un verdict souverain, de consulter les impressions d'une assemblée éclairée.

Conformément à un usage conservé dans quelques provinces, l'heure du dîner avait été fixée à midi; il était cependant près d'une heure lorsqu'on se mit à table. Le nombre des convives, concurrents et invités, s'élevait à vingt-deux.

Les premiers moments du repas furent mornes et silencieux, chacun ne songeant d'abord qu'à manger, mais lorsque le premier appétit fut satisfait, lorsque l'on eut dépassé le rôti, des conversations animées s'établirent sur plusieurs points à la fois, et il aurait été fort difficile à un spectateur de dire de quoi il était question dans ces causeries à bâtons rompus, car tout le monde parlait à la fois, et nul ne voulait se résoudre à écouter.

— Messieurs, s'écria Saint-Blancard en agitant sa sonnette, comme un président de la Constituante, je réclame le plus profond silence : les lectures vont commencer.

A cette menace, quelques fronts se rembrunirent, les sourires disparurent de quelques lèvres, mais les conversations cessèrent comme par enchantement.

— Quel est celui de vous, Messieurs, continua l'amphytrion en s'adressant au groupe des écrivains, qui a bien voulu retracer l'histoire du chef-lieu de notre département?

Isidore Blondel, qui était parvenu à déposséder de ce sujet l'inoffensif Moutonnet, se leva, timide et rougissant.

— C'est moi, répondit-il.

— Eh bien! la parole et à M. Blondel.

Le jeune poète, correspondant du *Midi artistique,* (n'oublions pas ses titres) commença en ces termes :

— Vous connaissez tous, Messieurs, la cité de Perpignan, située sur le Tit, à quelques kilomètres de la Méditerranée; vous savez qu'elle s'étend des pentes adoucies d'une petite colline jusque dans une plaine vaste et fertile, et vous n'ignorez pas qu'elle est assez pauvre en monuments, et surtout fort mal bâtie; vous savez aussi que, comme compensation, elle a des abords délicieux, et que les campagnes dont elle est entourée sont couvertes de jardins, d'orangers, de grenadiers, d'oliviers et de vignes. Ce n'est donc pas de la ville en elle-même ni de ses environs que je dois vous entretenir; ce serait m'éloigner du programme tracé par notre généreux et intelligent président: je vais me borner à résumer en quelques lignes les principaux faits de son histoire.

« On a dit, Messieurs, que Perpignan était d'une origine aussi antique qu'illustre, et qu'elle n'était rien moins que l'ancienne cité de *Ruscino;* pour démontrer qu'elle avait une certaine importance avant l'invasion romaine, on a rappelé que c'était là que s'étaient assemblés les chefs gaulois pour délibérer sur les propositions d'Annibal demandant le passage en Espagne; je ne sais, Messieurs, ce qu'il peut y avoir de fondé dans ces assertions, mais à coup sûr elles ne sont pas établies par les témoignages de l'histoire, et je ne crois pas que l'on puisse, avec vraisemblance, confondre *Ruscino* et Perpignan, en une seule et même ville.

» Quoiqu'il en soit, les premières traces de Perpignan ne se voient dans l'histoire qu'au commencement du onzième siècle; c'est en l'an 1025, que les habitants de *Ruscino,* chassés des foyers de leurs pères, s'établirent près d'une ferme nommée *Perpiniani,* où ils formèrent, en peu d'années, une colonie assez importante pour attirer l'attention des seigneurs du pays. Une église y fut bâtie par les soins de Gausfred II, comte de Roussillon, la colonie acquit l'importance d'un bourg, et le bourg devint bientôt une petite ville; on la nomma Perpignan.

» Une collégiale y fut établie en 1102; on y fonda un hospice en 1116, de sorte qu'elle se trouva être en quelques années la ville la plus considérable du comté de Roussillon.

» Alphonse II, dans l'intérêt de la défense de la cité, voulut en changer l'emplacement, et la transférer sur le Puits-Saint-Jacques, plus connu alors sous le nom de *Montagne-des-Lépreux;* mais il renonça à son projet, et se contenta de souder le puits au quartier existant par des constructions nouvelles où furent parqués les juifs; la présence de ces fils d'Israël, en lesquels s'est résumé pendant longtemps le génie de l'industrie et du commerce, contribua, pour une large part, à la prospérité de la ville nouvelle.

» Au treizième siècle, le comté de Roussillon fut incorporé dans le royaume de Majorque; c'est alors, en 1278, que fut construit, sur la colline qui s'élève à la droite du Puits-Saint-Jacques, un château royal qui occupe une assez grande place dans l'histoire de Perpignan, èt auquel j'ai dû consacrer un chapitre spécial; je vous en donnerai connaissance tout à l'heure. L'enceinte des fortifications fut élargie, on éleva de nouvelles murailles, et la ville se trouva divisée en trois paroisses : Saint-Jean, Saint-Jacques et Saint-

Matthieu. Quelques années plus tard, en l'an 1300, on la dota d'un temple à la Vierge que l'on appela Sainte-Marie-de-la-Réal, à cause de son voisinage avec la forteresse royale.

» C'est sous le règne de don Sanche, deuxième roi de Majorque, qu'eurent lieu les premiers travaux de la cathédrale, et la construction du *Castillet* (petit château.) La ville atteignit alors au point culminant de sa prospérité commerciale : elle comptait 5000 feux, près de 400 maîtres drapiers, une grande quantité d'usines et de manufactures. Ce fut, au point de vue de l'industrie, l'âge d'or de Perpignan ; ses draps étaient recherchés dans l'Aragon, dans le Midi de la France, et jusque dans le Levant. Hélas ! qui connaît aujourd'hui les draps de Perpignan ?

» Cependant la ville devait, sous un autre rapport, grandir encore : Don Pédro transforma le château royal en une redoutable forteresse, fonda une université, concéda de nouveaux priviléges à la ville, qui se trouva par suite avoir le droit d'être représentée aux cortès, et de concourir aux actes constitutifs de la Catalogne ; on y institua un *consulat de mer* ; pour régler les transactions commerciales avec l'étranger, Martin, le protecteur des Juifs, y fit bâtir une *bourse*, et en vertu d'un privilége spécial, accordé par le roi, les consuls de la cité avaient le droit, en cas de disette, d'armer des galères et d'aller arrêter sur la Méditerranée, pour les conduire dans les ports du Roussillon, tous les navires chargés de grains dont il serait possible de s'emparer.

» J'arrive maintenant au siége que la ville de Perpignan soutint contre les Français, siége fameux qui suffirait à lui seul pour immortaliser une cité. Peut-être serait-il nécessaire, pour bien comprendre les faits qui vont suivre, de dire un mot de la lutte de la France entre l'Espagne, lutte grandiose dont Perpignan était à la fois l'enjeu et le théâtre; mais ces digressions historiques me conduiraient trop loin. Je vais me contenter d'un exposé sommaire.

» Don Juan d'Aragon et Louis XI se disputaient la possession du Roussillon et de la Cerdagne; ces guerres sourdes, ayant pour but la conquête d'une province, se prolongeaient depuis plus de douze ans. La ville de Perpignan était alors beaucoup plus espagnole que française; les habitants même, excités par des agents secrets de la cour de Madrid, s'étaient plusieurs fois révoltés contre la domination française. D'un autre côté, Louis XI s'était promis de réunir cette province au domaine de sa couronne; et entre le rusé monarque de France, et le débile roi d'Espagne, l'issue de la lutte ne pouvait pas être douteuse.

» Ayant endormi la vigilance de son adversaire par de fausses promesses, et profitant du moment où don Juan était à Barcelone, Louis XI envoya des troupes dans le Roussillon. Le roi d'Espagne était d'autant plus loin de s'attendre à cette attaque, qu'il avait, en ce moment même, ses ambas-

sadeurs à Paris, où ils étaient choyés et fêtés. Les
habitants de Perpignan opposèrent une résistance
désespérée, car ils craignaient les vengeances du
roi de France. Enfin, le 13 août 1475, les armées
royales entrèrent dans la cité, précédées par
Laurent de Villa-Nova, l'un des consuls; par
Thomas de Viviers, damoiseau; par Georges Pingo,
bourgeois; Georges Ciserara, doyen des notaires
et François Stive, doyen des tisseurs; c'étaient
les otages qui avaient été désignés et accepté le
jour de la capitulation.

» Les habitants de Perpignan ne s'étaient rendus au roi de France qu'à la dernière extrémité,
et après avoir héroïquement supporté toutes les
tortures de la faim. On ne saurait croire à quel-
les épouvantables scènes donnèrent lieu ces longs
jours de famine; un historien assure que l'on y
mangea les enfants que la mort avait tout d'abord
moissonnés. Marinaus de Sicile s'exprime ainsi;
je ne citerai que ce court passage :

» Pendant plusieurs jours, ils ne vécurent que
de rats, de chiens, de chats que les femmes chas-
saient dans les rues de la ville, au moyen de
longs et larges voiles de toiles. Cette ressource
venant encore à manquer, et pressés par le plus
extrême besoin, non-seulement ils portèrent la
dent *sur la chair des Français* qu'ils avaient tués,
mais ils dévorèrent encore les cadavres de leurs
concitoyens. Plusieurs femmes, agitées par la rage
de la faim, mangèrent leurs enfants; d'autres,
poussées par un effrayant délire, dévoraient aussi

leurs enfants morts de faim ou de maladies, et arrosaient de leurs larmes cet épouvantable mets.

» Mais les Roussillonnais, contrairement à leurs prévisions, n'eurent pas à souffrir de la domination de Louis XI. Il est vrai que le roi avait envoyé à Perpignan le sire de Bouchage avec des instructions peu rassurantes pour la vie de plusieurs citoyens, mais le gouverneur de la province, Boffire, ne voulut pas, chose rare en ce temps, prêter la main à ces actes de vengeance, et les listes de proscription du sire de Bouchage ne firent du mal à personne.

» Devenue française un instant, la ville ne tarda pas à repasser sous la domination espagnole, par la faute de Charles VIII, qui ne sut pas conserver la conquête de Louis XI. Le roi François 1er voulut la reprendre à Charles-Quint, mais on sait combien cette campagne fut malheureuse pour le monarque français.

» Cependant, le moment approchait où les Roussillonnais allaient trouver insupportable le joug espagnol. Ce fut sous le règne sanglant de Philippe II, que ces sentiments de répulsion éclatèrent au grand jour; la Catalogne se révolta, des troubles ensanglantèrent Perpignan dont les rues et les places se trouvèrent obstruées de barricades; monseigneur l'évêque, avec un courage au-dessus de tout éloge, se revêtit de ses habits pontificaux, se rendit au milieu de l'émeute, et parvint, par sa parole persuasive, à arrêter l'effusion du sang; mais la garnison espagnole profita du désarmement du peuple et de cette heure d'armistice pour livrer la ville aux agresseurs. Cette conduite déloyale acheva de désaffectionner le cœur des Roussillonnais: ils firent un appel à la France. Richelieu envoya une armée sous les murs de la ville, et le 9 septembre 1642, les autorités françaises prirent définitivement possession de la cité.

« Vous le savez, Messieurs, Perpignan, depuis ce jour, n'a pas cessé d'être une ville française. Sous la première république, lorsque la France avait à lutter contre l'Europe coalisée, on put croire un instant, après la surprise d'Arles et de Céret, que l'Espagne allait nous la reprendre, mais nos armées repoussèrent l'ennemi et lui firent éprouver des pertes nombreuses. Cette brillante et rapide campagne, où périrent les généraux Dagobert et Dugommier, fut le premier titre de gloire de Davoust. Pourquoi faut-il que la gloire conquise par les armes soit toujours arrosée de sang humain?

» J'ai fini. Je ne vous parlerai pas de l'industrie actuelle de Perpignan; vous savez qu'il ne lui reste que la fabrication des tissus de laine, fabrication bien déchue, hélas! de son antique splendeur. Il y a également des tanneries, des distilleries, sans compter le commerce de soies, de vins, de liéges, de chocolat, de cartes à jouer et de manches de fouet qui portent le nom de la cité; mais tout cela n'empêche pas Perpignan d'être une ville morte, et si elle n'avait pas ses relations commerciales avec l'Espagne, elle verrait se fermer la plupart de ses ateliers et manufactures. »

— Bravo, Bravo ! s'écrièrent plusieurs voix, dès qu'Isidore Blondel eut achevé de lire ; vous irez loin, jeune homme.

— Il est certain, dit Saint-Blancard, que ce tableau historique est assez bien touché.

— Il a surtout un fort grand mérite, ajouta Léon Hilaire, c'est celui de n' tre pas long.

— Parbleu ! c'est plutôt fait, murmura Moutonnet avec une petite nuance de dépit.

Et il ajouta tout haut :

— Maintenant, Messieurs, que vous avez entendu l'histoire si bien racontée de la ville de Perpignan, permettez-moi de vous lire...

— Pardon, pardon, interrompit vivement Saint-Blancard, votre tour n'est pas arrivé ; laissez terminer Monsieur Blondel.

— Mais il a fini, Monsieur le Président.

— Pas du tout ; il doit nous dire maintenant l'histoire du château royal.

— Tiens ! c'est vrai ; je l'avais oublié.

— Vous êtes trop pressé, M. Moutonnet ; dit Cyprien ; vous voyez bien que j'attends, moi.

— Silence, Messieurs, reprit Saint-Blancard en agitant magistralement sa sonnette ; la parole est à M. Blondel.

Ce dernier, après avoir remis au président le manuscrit qu'il venait de lire, en sortit un second de sa poche.

— Est-ce long, cela ? fit une voix goguenarde.

— Non, Monsieur ; trois minutes de lecture au plus.

La sonnette présidentielle retentit avec fracas.

— Silence donc ! Messieurs, recommanda encore une fois l'impartial Saint-Blancard, sans quoi...

— Sans quoi il fera évacuer la salle, acheva tout bas Léon Hilaire.

Le silence se rétablit, et Isidore Blondel commença la lecture de son second manuscrit.

IV

La citadelle et le château de Perpignan.

— Le palais royal de Perpignan, je l'ai dit tout
à l'heure, remonte à l'époque de la domination
des rois de Majorque; ce furent eux qui entourè-
rent la ville de fortifications, et qui firent édifier
ce château.

« Selon M. Henri, un historien du Roussillon,
il était terminé à l'époque de la mort des premiers rois de Majorque; après l'extinction forcée
de ce royaume, il n'eut plus de destination fixe,
et il resta à la disposition du roi d'Aragon comme
maison royale. Ferdinand Ier l'assigna pour demeure à Benoît XIII, qui y séjourna pendant
plusieurs années; il servit ensuite de logement
aux gens de guerre sans cesser d'être désigné
sous le nom de château royal.

» Au milieu de la façade occidentale se trouvait
une grande entrée avec pont-levis; il y avait trois
autres portes aux autres façades pour communi-
quer soit avec les *bois du roi*, soit avec les *prés de
la reine*. Une vaste cour se trouvait enfermée entre

ces quatre faces du bâtiment, où l'on remarquait
un puits très-profond. Sur la face orientale était
placée la chapelle, une chapelle toute en pierre
de taille, qui avait sa pareille au-dessous d'elle;
c'étaient deux chapelles superposées l'une sur
l'autre; celle qui occupait le plan plus élevé, c'est
à-dire celle qui se trouvait un peu au-dessus du
niveau des appartements du premier étage, servait à la célébration des saints mystères; on y
montait par un large perron aboutissant à une
galerie ouverte, et s'étendant, de ce côté, sur
toute la face intérieure des bâtiments. L'entrée
de la chapelle intérieure était nue, sans ornements; celle de la chapelle supérieure était
toute en marbre, et décorée, suivant le goût
du temps, de minces et grêles colonnes dont
les chapiteaux étaient illustrés d'animaux chiméri-
ques. Les battants de la porte étaient en bois
de noyer.

» La galerie placée à la hauteur des appartements et par laquelle on montait à la chapelle,
établissait une communication entre les appartements du roi, placés au côté nord, et ceux de la
reine qui se trouvaient au côté opposé. Au milieu
de la face occidentale, se trouvait, à l'intérieur,
un escalier suspendu fort curieux et d'une construction remarquable.

» On voit, d'après les registres de l'ancienne
cour, que pendant longtemps les rois d'Aragon
firent élever des lions dans le château de Perpignan; on a conservé plusieurs inscriptions qui

ne laissent aucun doute à ce sujet, et desquelles il résulte que de nombreuses personnes avaient été chargées du soin de veiller sur les animaux. On y voit même la manière dont il faut s'y prendre pour élever les lionceaux. Le lion étant le symbole de la puissance suprême, il était logique qu'on lui donnât pour gouverneur des personnes nobles ; aussi, voyons-nous, en 1453, le chevalier Dalmas del Volo, chambellan du roi, investi de cette charge, mais ce qu'il y a de très-curieux c'est une lettre de l'infant don Juan, fils de Pédro IV, qui fait défense au susdit gouverneur de laisser brouter les pâturages d'alentour spécialement réservés aux chèvres, moutons et autres animaux destinés à la nourriture des lions.

» C'est dans ce château que fut enfermé, en bas âge, l'aîné des enfants de Jacques d'Armagnac, où il s'éteignit peu de temps après.

» L'époque précise de la construction du château est absolument inconnue, mais tout porte à croire qu'il est postérieur à la réunion du royaume de Majorque à celui d'Aragon; d'ailleurs, ces lourdes masses de constructions en briques accusent hautement une date qui ne doit pas dépasser le xiv° siècle.

» La citadelle fut construite par les ordres de Louis XI, après que ce monarque eut parvenu à réunir le Roussillon aux domaines de la couronne. Je ne puis mieux faire, en cette circonstance, que de laisser parler M. Henri.

» Dans les instructions, dit-il, que Louis XI

donna à Dubouchage, en l'envoyant à Perpignan,
à l'occasion de la capitulation de cette place, il
lui recommanda par-dessus tout, de faire bâtir
une citadelle, pour *brider* la ville et tenir en res-
pect les habitants, et dans sa lettre du 20 avril,
il lui dit de la laisser construire par Boffile, comme
il l'entendra, sauf à en construire ensuite une
seconde de la manière qu'on lui a indiqué, si la
première ne suffit pas : ces deux forteresses furent
élevées, l'une sur l'emplacement du bastion de
Saint-Jacques, de son fossé et de son glacis, se
prolongeant jusqu'à la porte de Canet : on lui
donna le nom de grand château, par opposition
au petit; l'autre sur la colline que couronnait
déjà le château des rois de Majorque; c'est
aujourd'hui la citadelle. Nous ne pouvons rien
dire de la forme du grand château, dont il
n'existe plus rien aujourd'hui; quant à la citadelle, elle consista en une augmentation de l'enceinte de l'ancienne résidence des rois de
Majorque. »

» Du temps de ces rois, les murailles de la
ville, en allant de la porte Saint-Martin, à la
porte d'Elne, passaient en dehors de ce château
et l'enfermaient ainsi dans l'enceinte de la ville.
Quand le royaume de Majorque ne fut plus qu'un
souvenir, Pédro IV transforma ce château en une
véritable forteresse; il lui suffit pour cela de
quelques augmentations dont il serait impossible
aujourd'hui de préciser l'importance, car il est
difficile de se reconnaître à travers les démoli-

tions, reconstructions et remuements de toute
sorte qui ont, à plusieurs reprises, changé la
physionomie de cet édifice.

» Quand Louis XI voulut *brider* la ville, on ne
fit, à ce qu'il paraît, qu'augmenter l'enceinte
tracée par Pédro, laquelle se terminait à l'endroit
où sont les vieilles casernes. L'enceinte nouvelle
s'aggrandit du côté de l'Orient jusqu'au delà des
casernes neuves, circonscrivant ainsi toute la
place d'arme actuelle.

» Mais Charles-Quint trouva insuffisant la citadelle de Pèdre et de Louis XI ; en conséquence il
y ajouta deux redans unis par une courtine qui
furent terminés en l'an 1530 ; bientôt après, l'in-
vention des bastions se répandit en France, et
Philippe II voulut en doter la citadelle. Pour
former la nouvelle enceinte, et pour en découvrir
convenablement les approches, il fallut, d'après
les chroniques locales, démolir près d'un millier
de maisons ; il est vrai que les guerres, les siéges,
les massacres avaient tellement diminué le chiffre
de la population, que ces maisons, abattues pour
cause de citadelle, ne renfermaient pas vingt
habitants.

» Les travaux qui s'exécutaient à Perpignan
avaient été imposés par Charles-Quint aux vigue-
ries de Roussillon et de Cerdagne ; les habitants
devaient les accomplir par eux-mêmes ou par des
remplaçants. Outre cette prestation en nature de
la part des citoyens, les consuls de Perpignan
étaient tenus de fournir les manœuvres et les

bêtes de somme pour le transport des matériaux. Les travaux ne furent terminés que vers l'année 1585.

» Lorsque la paix des Pyrénées donna définitivement le Roussillon à la France, Vauban fit compléter les fortifications de Perpignan, auxquelles avaient pris part tant de grands princes; il augmenta autour de la ville la force des bastions, et en fit construire de nouveaux, ou, pour mieux dire, il appropria en bastions les tours carrées qui terminaient les angles des fortifications.

» La porte d'entrée de la citadelle, a dit M. Charles Compan, terminée en 1577, est ornée, de chaque côté, de deux cariatides à gaîne accouplées et surmontées d'un entablement dorique dont chaque métope est timbrée de l'un des écussons de la monarchie espagnole. La frise porte cette inscription : *Philippus II, Dei gratiâ, Hispanarium rex, defensor Ecclesiæ.* L'écu général des armes d'Espagne surmontait cette inscription, et comme cette porte fut achevée sous le duc d'Albe, les armes de ce seigneur étaient sculptées au-dessous de celles du royaume.

» Quatre cariatides surmontent la porte; elles ont donné lieu, par l'attitude nonchalante de leur pose, à des contes sans nombre et à des fables radicalement absurdes. On a prétendu notamment que la position des mains de ces personnages était une allusion délicate à l'inexpugnabilité de la place. Cette supposition est comme les autres, elle n'a aucun fondement.

» Le bras de la pierre posée en saillie au haut d'une tourelle a donné lieu à un autre conte. On prétend que Charles-Quint, faisant une ronde de nuit, trouva une sentinelle endormie sur cette plate-forme, et que pour punir le soldat de cet oubli de ses devoirs, il l'avait tout bonnement précipité dans l'espace. Ce bras de pierre tenant une épée aurait été placé là en mémoire de cet événement qui, en ces temps-là, n'avait pourtant rien de très-surprenant. Je pense, Messieurs, que cette tradition ne peut être acceptée sans examen, et qu'il est plus vraisemblable de supposer que l'épée et le bras représentent l'emblème de la puissance impériale.

» En 1563, il y avait encore de l'artillerie à la forteresse de Perpignan, puisque, après la peste qui désola cette ville, Philippe ordonna, comme moyen d'assainissement, des décharges de l'artillerie du grand château et de la citadelle.

» C'est là tout ce que j'avais à vous dire concernant ces remarquables monuments, les seuls à peu près que possède Perpignan ; il est juste cependant de citer la cathédrale dédiée à Saint-Jean, œuvre hardie qui mérite de fixer l'attention des archéologues. Il y a aussi l'église de Saint-Jean-le-vieux, et celle de la Réal, mais leur architecture n'offre rien d'intéressant. Je ne mentionne ni ses quatre casernes, ni ses hôpitaux, ni sa bibliothèque de 17,500 volumes, ni son palais de justice, ni même son hôtel de ville ; vous trouverez des monuments semblables dans presque tous les chefs-lieux de département. Cependant, pour être complet autant que le permet mon cadre restreint, je dois signaler les immenses magasins pour le génie, l'artillerie, ainsi que pour les approvisionnements des substances militaires qui, dans un cas de guerre avec l'Espagne, offriraient à l'armée de précieuses ressources.

Si je parlais à des étrangers, j'ajouterais, comme dernier renseignement, que la population de Perpignan est de 23,462 habitants. Mais à quoi bon? Vous savez cela mieux que moi. »

— Le moment n'est pas venu, dit Saint-Blancard, voyant que Blondel avait lu le dernier feuillet de son manuscrit, de vous présenter les observations que fait naître à mon esprit la manière dont vous avez traité l'histoire de Perpignan, mais je dois vous dire d'hors et déjà, que vous avez omis une des conditions essentielles du programme en ne parlant pas des personnages illustres auxquels le chef-lieu des Pyrénées-Orientales a donné le jour.

— Il est pincé, murmura Moutonnet; c'est bien fait.

— L'observation de M. le président est fort juste, répondit Isidore Blondel, mais elle vient trop tôt. Je n'ai pas oublié, croyez-le bien, les hommes célèbres nés à Perpignan; seulement, comme il faut de l'ordre en tout, même dans un fragment historique, j'ai réservé ce sujet pour un chapitre troisième que je vais avoir l'honneur de vous lire.

— A la bonne heure! fit Saint-Blancard, flatté intérieurement de voir que ses décrets étaient rigoureusement observés, cela m'étonnait de votre part; continuez, M. Blondel, je suis fâché de vous avoir interrompu.

— Ce jeune homme a de la méthode, dit Léon Hilaire, je crois qu'il a dû composer secrètement quelque mélodrame en cinq actes.

— Attendez donc, repartit Moutonnet, nous ne sommes pas à la fin.

V

Le troisième manuscrit d'Isidore Blondel et ce qu'il contenait.
Moutonnet prend la parole.

Isidore Blondel, dont les poches de ses habits renfermaient tout un arsenal de manuscrits, déplia tranquillement un troisième rouleau de petits feuillets.

— Cet homme était littéralement chargé de cahiers, dit Léon Hilaire, je le signale à votre attention, M. Perrot; quand vous le rencontrerez au delà des barrières de l'octroi, il faudra le fouiller.

— Pour aujourd'hui il me paraît en règle, observa Eustache Lenoir, car il a tous ses *papiers*.

— Taisez-vous donc, fit Cyprien; vous allez vous faire rappeler à l'ordre.

Isidore Blondel, qui n'avait pu entendre ces plaisanteries médiocres, cherchait à lire sur les physionomies, avant d'entamer son dernier morceau, l'impression produite par sa lecture; mais sur l'invitation de Saint-Blancard, il fut obligé de cesser ses muettes investigations pour aborder l'histoire des célébrités perpignanaises.

— Messieurs, dit-il, il me reste à vous parler des personnes de distinction qui ont eu Perpignan pour berceau, et je dois avouer, avant d'aller plus loin, que je n'ai pas trouvé sur ce sujet, tous les renseignements dont j'aurais désiré m'entourer. Je vous prie donc de m'excuser si parfois je me montre d'un laconisme qui pourrait passer pour incivil, si vous n'en connaissiez pas les motifs.

« J'ai à vous parler d'abord de Jean Blanca, simple bourgeois de Perpignan, qui poussa jusqu'à la cruauté le patriotisme local. Je ne sais si la religion et la morale peuvent approuver de semblables héroïsmes. En 1475, lorsque Louis XI assiégea la ville, Blanca était premier consul. Son fils — un fils unique — ayant été pris dans une sortie, les assiégeants firent savoir au consul que s'il n'ouvrait pas au plus vite les portes de la cité, son enfant serait mis à mort.

» — Qu'ils fassent ce qu'ils voudront, répondit Jean Blanca; les liens du sang et l'amour paternel ne me feront pas manquer à mes devoirs.

» Le jeune homme était massacré quelques heures après, — immolation inutile au salut de Perpignan, — et dont le cœur du père dût cruellement saigner.

» Hyacinthe Rigaud, célèbre peintre du xviiie siècle, dont la ville possède quelques toiles; le savant abbé Xaupi, l'avocat Bosch, le troubadour Tormit, le bénédictin dom Brial, membre de l'institut et le poète Vallamt, fort oublié aujourd'hui, sont également originaires de Perpignan ; tous ces noms qui, dans leur temps, ont brillé d'un certain éclat, ne rappellent plus aujourd'hui que quelques souvenirs historiques sans intérêt. C'est pourquoi je passerai devant eux, en les saluant très-respectueusement, mais sans m'arrêter davantage devant leurs silhouettes.

» Il n'en sera pas ainsi de Pierre Barrère, médecin naturaliste ; de Jean Biroteau, conventionnel et d'Etienne Arago, littérateur. Ces trois figures demandent un moment d'examen.

» Pierre Barrère, que ses goûts portaient vers les études, était un homme de beaucoup de science et de savoir; non content d'être un médecin habile — ou heureux — il voulut être encore un naturaliste, et il passa la plus grande partie de son temps à demander leurs secrets aux plantes et aux métaux. Il resta trois années à la Guyane, d'où il rapporta un ouvrage ayant pour titre *dénombrement des plantes, des animaux et des minéraux qui se trouvent dans l'île de Cayenne.* Il y a dans ce travail beaucoup de recherches, beaucoup d'observations, mais il se ressent, en plusieurs endroits, de l'état imparfait où se trouvait alors la science, et il a le défaut, en outre, de ne donner qu'une idée sommaire des richesses naturelles de la Guyane française. Parmi les assertions erronées de M. Barrère, il en est une que je crois devoir rappeler, à cause de son originalité. Il prétend dans son livre que la bile des nègres est noire, et que de-là vient la couleur de leur peau. Le *Journal des savants* de l'année 1742 se donna la peine de réfuter gravement cette étrange théorie.

» Les nombreux ouvrages qu'a laissés le naturaliste Barrère témoignent d'une vie entièrement consacrée aux choses sérieuses ; après son retour de Cayenne, il fut nommé professeur de botanique à Perpignan, où il mourut à un âge avancé.

» Du médecin naturaliste passons au conventionnel. Jean-Baptiste Biroteau, issu de la classe bourgeoise, épousa avec exaltation les idées révolutionnaires, ce qui lui valut l'honneur d'être nommé député à la Convention nationale. Je ne le suivrai pas dans sa carrière politique, où il se montra continuellement indécis, hésitant, sans principes arrêtés. On peut dire qu'il fut révolutionnaire sans le vouloir. Les fureurs du temps l'entraînèrent plus loin qu'il ne voulait aller, et, comme tant d'autres, il devint la proie du bourreau. Arrivé à la Convention il s'assit à côté des Girondins, ces vaillants hommes qui, prenant trop tard le parti de la résistance, ne surent, selon les expressions de M. de Lamartine, que bien parler et bien mourir. Le 30 septembre 1792, nommé membre de la commission chargée d'examiner les papiers du comité de surveillance, il déclara dans son rapport « que les commissaires avaient reconnu que *plusieurs personnes innocentes* avaient été massacrées dans les premiers jours de septembre. »

» Cette conclusion du rapporteur révélait un

certain courage, mais combien peu de temps il
devait durer? Au moment où l'on instruisait le
procès de l'infortuné Louis XVI — le 3 décembre
1792 — il déclara, par une méprisable fanfaron-
nade révolutionnaire, « que *longtemps avant le
10 août*, il avait décidé, *dans son cœur*, la mort du
roi. » Tristes paroles d'une triste époque! Mais
au jour du jugement, Biroteau est comme épouvanté du crime que l'on va commettre, il hésite,
il tremble, et celui qui avait *décidé* le supplice du
monarque martyr, *longtemps avant le* 10 *août*,
s'empresse de demander l'appel au peuple, et ne
vote la mort qu'à la condition que l'arrêt ne serait
exécuté qu'à la paix et après l'expulsion de tous
les Bourbons. Ces timides réserves, ces restric-
tions tardives disent assez que le vote du conventionnel n'était pas l'expression de sa pensée. Mais
toute la vie de cet homme ne fut qu'une inces-
sante contradiction de ses actes avec ses paroles.

» Décidé à rompre avec la révolution, il demanda, le 9 février, que des poursuites fussent
exercées contre les auteurs des massacres de septembre; sa voix fut étouffée par les partisans de
Danton et de Robespierre. Le 9 mars, il s'opposa
à la création du tribunal révolutionnaire, et quelques jours après, il osa accuser Danton et Fabre
d'Eglantine d'avoir indirectement proposé la
royauté. Il semblait que Biroteau eût pris enfin
un parti; sa conduite était plus ferme, plus nette-
ment accusée. Il était carrément avec la Gironde
contre la révolution; les sections, avides de

meurtres, et que toute opposition irritait, deman-
dèrent l'expulsion de Biroteau et de plusieurs
autres girondins. En ce temps d'égalité et de
liberté, on agissait ainsi. Le grelot étant attaché,
Barrère de Vieuzac accusa Biroteau de plusieurs
crimes, notamment d'avoir excité le peuple à
désobéir aux ordres des représentants en mission ;
il y avait quelque chose de vrai dans cette accusation, car Biroteau ne s'en défendit pas ; il se
contenta d'accabler Robespierre de reproches et
de récriminations. Ce n'était pas répondre. Aussi
fut-il arrêté le 31 mai avec plusieurs de ses col-
lègues ; il parvint à s'évader, et se rendit à Lyon
où il organisa aussitôt un comité de résistance
contre la république. Mais lorsque l'heure du
danger arriva, et lorsqu'on fit le siége de la ville,
le girondin fugitif, toujours indécis et versatile,
ne crut pas devoir partager les périls de ceux
qu'il avait entraînés à la révolte, et il alla se
cacher honteusement dans les environs de Bor-
deaux. Il y fut arrêté peu de jours après, et le
24 novembre 1793, il était guillotiné.

» Tels sont les faits les plus saillants de la vie
publique du conventionnel Biroteau. Il fut plus
irréfléchi que méchant, plus malheureux que
coupable, et les crimes révolutionnaires auxquels
il prit part sont plutôt l'œuvre du temps où il
vivait que le résultat de ses opinions.

» Étienne Arago est aussi un homme politique,
bien qu'il ait donné à la littérature dramatique et
au journalisme la plus grande partie de son temps.

Le *Figaro* et la *Lorgnette*, deux journaux qui
faisaient de l'opposition au gouvernement de la
Restauration, le comptèrent parmi leurs rédac-
teurs habituels; il se donna de bonne heure aux
travaux du théâtre, où il trouva des succès plus
brillants que solides. En 1829, il obtint la direction du théâtre du vaudeville qu'il administra en
homme intelligent. Après 1840, nous le trouvons
mêlé aux libéraux du *Siècle;* mais l'opposition
constitutionnelle du journal de M. Chambolle ne
satisfait pas les aspirations, et il passe au *National*, où les esprits étaient plus avancés, comme
on disait alors; plus tard, il participe à la fondation de la *Réforme*, et dès ce jour il ne quitte plus
le champ de la politique. La révolution de 1848 le
trouva la plume à la main. M. Arago ne perdit
pas la tête; voyant qu'il n'y avait plus de gouvernement, il pensa avec beaucoup de logique que
les places devaient, en ce moment, appartenir à
celui qui saurait les prendre, et, en vertu de cet
axiome, il courut s'emparer, de son autorité
privée, de la direction générale des postes, où
il fut officiellement nommé quelque temps après.
Le gouvernement provisoire aurait eu mauvaise
grâce à ne pas récompenser un empressement
aussi louable.

» Nommé représentant du peuple par son département, Etienne Arago ne fit à la tribune que
de rares apparitions; il se trouvait, le 13 juin, à
la réunion du conservatoire des arts et métiers. »

— En voilà assez, interrompit Saint-Blancard :

depuis un moment vous nous parlez politique et c'est un tort. Nous ne devons pas mettre le pied sur ce terrain brûlant.

— Mais, M. le président, je n'ai plus que quatre lignes.

— C'est quatre de trop, dit une voix.

— Nous connaissons la suite, ajouta un Monsieur qui évidemment ne partageait pas la manière de voir d'Isidore Blondel.

— Je demande la parole, s'écria Silvain Moutonnet; mon tour est arrivé.

— C'est juste, répondit Saint-Blancard; à vous, M. Moutonnet; nous vous écoutons.

Isidore Blondel se soumit non sans murmurer aux ordres du président, et le calme et débonnaire Moutonnet put faire part enfin à la noble assemblée de ses travaux littéraires.

— Messieurs, dit-il en forme d'exorde, je me suis imposé la tâche de vous parler de quatre petites villes qui avoisinent Perpignan, ce sont Elne, Rivesaltes, Salces et Cabestaing; j'ai réuni en quelques pages tout ce qui m'a paru offrir quelque intérêt, concernant leurs monuments, leurs antiquités, leurs légendes, et si mon modeste travail parvient à captiver votre attention sans la fatiguer, j'aurais atteint le but que je me suis proposé.

— Ce pauvre Moutonnet! fit Hilaire, est-il assez vieillot, assez rococo! en voilà un début! Il en est encore à la littérature du premier empire. Il retarde de quarante ans.

VI

Où il est question de Rivasaltes, d'Elne, du trouvère de Cabestaing, et de beaucoup d'autres choses.

L'instituteur, habitué à haranguer ses écoliers, ne fut pas intimidé le moins du monde par l'attention générale dont il se vit l'objet. Il s'exprima d'une voix forte, calme et parfaitement assurée. Voici ce que disait son manuscrit :

— En suivant la route impériale qui mène de Perpignan à Collioure, on rencontre, entre Corneille et Argellès, à 34 kilomètres du chef-lieu, une petite ville de deux mille habitants dont l'aspect triste et désolé produit une impression pénible; elle se nomme Elne. Celui qui passe aujourd'hui dans les rues solitaires de cette cité, ne se doute guère que jadis elle a été grande, forte, glorieuse et enviée par plusieurs souverains. Au nom d'Elné, les souvenirs historiques se réveillent en foule. Annibal a campé sous ses murs et l'empereur Constantin, après l'avoir restaurée, lui donna le nom de sa mère, *Hélène;* elle fut une des capitales de la Septimanie, et la ville la plus importante de la contrée. Son origine remonte à l'époque la plus éloignée, elle était déjà ancienne et surchargée d'années, lorsque Constantin la fit réparer. Dès le vi° siècle, les Visigoths y avaient établi un siége épiscopal ; les Sarrasins et les Normands l'occupèrent tour à tour, et la dépouillèrent de toutes ses richesses. C'est à Elne que Maxence tua l'empereur Constant ; c'est à Elne que s'éteignit la monarchie de Majorque, c'est là que l'orgueilleux Jayme II vint déposer son sceptre aux pieds de Pèdre, son vainqueur. Elne était une place de guerre considérable dont l'importance fut de beaucoup amoindrie par la fondation de Pergignan. Philippe-le-hardi s'en empara lorsqu'il envahit le Roussillon et la livra aux flammes ; Louis XI s'en rendit maître également. En 1641, lors des guerres de religion, Henri de Condé pénétra dans la place après dix jours de tranchée ouverte, et en 1793, les Espagnols y entrèrent vainqueurs. Il y a des villes qui ne sont pas heureuses.

« Et cette antique cité qui a tenu une si grande place dans les événements politiques des premiers siècles de l'histoire, qui a eu un empereur pour parrain, qui a vu à ses portes Annibal et Louis XI, Philippe-le-Hardi et Condé ; cette ville de tant de gloire n'est en ce moment qu'un pauvre bourg dont aucun monument de pierre ou de marbre ne redit les splendeurs de son passé. Jamais cité n'a eu une décadence aussi grande, une ruine aussi complète. Et pourtant elle est située sur

un des sites les plus gracieux et les plus riants
que l'on puisse rencontrer. La Tech baigne les
pieds de la colline où repose, déchue et oubliée,
l'ancienne capitale de la Septimanie ; d'un côté la
vallée du Vallespir avec ses aspects variés, ses
paysages ravissants ; de l'autre, la plaine de Roussillon où s'étalent toutes les richesses d'un sol
que réchauffe le soleil espagnol, puis, au fond du
tableau, les montagnes de l'Albère qui élèvent
vers la nue leurs cimes dénudées sur lesquelles on
aperçoit encore les débris des tours construites
autrefois pour opposer une entrave aux attaques
des barbares.

  » Mais la ville était destinée à voir disparaître
tous les vestiges de sa grandeur d'autrefois, et sa
ruine a été si profonde que rien aujourd'hui n'y
parle du passé, rien que la cathédrale, élevée
d'abord dans la partie basse de la cité, et réédifiée
ensuite dans la ville haute par les soins de l'évêque Béranger, après son retour des croisades,
c'est-à-dire au commencement du XI° siècle. On
montre dans le cloître adossé à l'église, le tombeau de Constant, fils de Constantin, qui fut massacré à Elne, en l'année 350 de l'ère chrétienne.
Plusieurs personnes prétendent que ce tombeau,
dans un état parfait de conservation, n'est qu'un
monument de faux aloi, un tombeau apocryphe.
Je ne suis pas assez savant pour décider la question, et les recherches qu'il me faudrait faire, pour
arriver à découvrir la vérité, m'entraîneraient
beaucoup trop loin.

» Quant à la cathédrale elle est fort belle, du moins intérieurement ; mais la façade est nue et sans ornements ; le cloître, tout construit en marbre blanc et où se trouve le tombeau en question, est remarquable par l'élégante hardiesse de ses arceaux et de ses piliers. Les nombreuses inscriptions qui couvrent les murailles sont pour le visiteur un objet de curiosité.

» Rivesaltes et Salces sont situées sur la grande route de Perpignan à Narbonne ; Rivesaltes, chef-lieu de canton de 3000 habitants, exige pourtant que l'on quitte la route impériale pour s'approcher de ses murs, mais c'est l'affaire d'un quart d'heure au plus. C'est une ville fort ancienne que les itinéraires romains désignent sous le nom de *Combusta,* en souvenir peut-être de quelque violent incendie. Les rois d'Aragon attachaient une certaine importance à cette place de guerre qu'ils avaient entourée de hautes murailles flanquées de plusieurs tours rondes ; la ville aujourd'hui n'a ni tours, ni fortifications, mais ses vins muscats, connus dans le monde entier, sont pour elle une source de richesse ; elle est située en outre au milieu d'une plaine fertile arrosée par les eaux de l'Agly, et que bordent, comme un cadre sculpté, les pittoresques montagnes du Languedoc. De Perpignan à Rivesaltes la distance est de 9 kilomètres.

» Encore 9 autres kilomètres et l'on est à Salces. Ce n'est qu'un village de 900 âmes à peu près qui emprunte son nom à une source d'eau salée du voisinage, il est près d'un lac considérable où l'on pêche d'excellents poissons. Si j'ai cru devoir mentionner cette localité, c'est parce qu'on y remarque un ancien fort assez bien conservé, qui fut bâti par les ordres de Charles-Quint. Ce grand carré de maçonnerie, dont chaque encoignure est surmontée d'une tour avec un donjon au milieu, témoigne des soins que prenaient autrefois les souverains pour mettre leurs villes à l'abri d'une surprise, et forme un véritable objet de curiosité que je recommande à l'attention des personnes qui ne l'ont pas vu.

» Il me reste à vous parler de Cabestaing, situé à cinq kilomètres de Perpignan; ce n'est encore qu'un humble et pauvre village dont la population ne dépasse pas 700 âmes. Il n'a ni monument, ni ruines, ni histoire, mais son nom rappelle le souvenir de Guillaume Cabestaing, un trouvère roussillonnais du xiii° siècle qui a donné lieu à une épouvantable légende; c'est cette légende que j'ai voulu écrire, bien que vous la connaissiez déjà, Messieurs. »

— Je vous félicite sincèrement, dit Saint-Blancard, de la façon intelligente dont vous avez compris la pensée de mon programme; je tiens beaucoup aux légendes, et vous avez bien fait d'en écrire une.

— Celle-ci, reprit Moutonnet tout fier des éloges qu'il venait de recevoir, est presque historique, en supposant qu'il soit possible à une légende d'être historique. Il s'agit de la mort du trouvère Cabestaing et de la belle Saurimonde.

— Si une femme peut s'appeler Saurimonde! observa Léon Hilaire.

Silvain Moutonnet ayant vidé un verre de Bordeaux-Laffitte, qui remplaçait chez Saint-Blancard l'eau sucrée parlementaire, entama le récit suivant.

VII

Du danger qu'il y avait pour les Trouvères du xii° siècle, d'adresser des vers aux grandes dames. — Argelès et Collioure.

— Le trouvère Guillaume Cabestaing vivait vers le milieu du xii° siècle, c'était l'époque où la poésie était honorée par les gentilhommes, et où les trouvères et les troubadours s'en allaient de castel en castel disant leurs lairs et leurs virelets, à la grande joie des seigneurs châtelains qui leur faisaient toujours bon accueil. Guillaume était sans fortune, mais il était de noble naissance, il avait de l'esprit, des bonnes manières, et grâce à ces avantages, il entra en qualité de page dans la maison du comte Raymond de Castel-Rosello.

» Le comte avait une femme jeune, belle. La légende la nomme Saurimonde.

» Guillaume ne tarda pas à se faire remarquer par les charmes de sa conversation aussi bien que par les grâces de sa personne, et peu de temps après son entrée dans la maison de Raymond, il fut élevé au rang d'écuyer de Saurimonde.

» Le comte était grandement satisfait de son

écuyer, dont les vers, qui se récitaient dans tout
le royaume de l'Aragon, faisaient rejaillir sur sa
maison un éclat et un lustre inaccoutumés.

» Mais dans la vie de ce monde tout n'est
qu'heur et malheur, et Dieu n'a pas voulu que
l'homme pût trouver sur la terre un bonheur
parfait.

» Un jour, le comte Raymond, feuilletant le
livre d'heures de sa femme, y trouva une pièce
de vers de Guillaume adressée à Saurimonde.

» Il ne fit entendre ni menaces, ni reproches,
ni récriminations, il se contenta de jeter au feu
les vers imprudents, et il n'en fut plus question.

» Le surlendemain, Saurimonde soupait avec
son noble époux; la table était servie avec un
luxe et une pompe que l'on réservait habituelle-
ment pour les jours de cérémonie.

» — Noble et gente dame, lui dit le comte, je
vous recommande ce mets nouveau que notre
cuisinier a préparé avec un soin extrême; ouc-
ques n'en avez mangé de meilleur goût.

» Et ce disant, il lui présentait galamment le plat.

» Saurimonde obéit machinalement.

» Quand elle eut mangé, Raymond se leva. Son
visage était pâle comme un mort, et de ses yeux
jaillissaient des éclairs de colère.

» Il ramassa promptement un objet que jusque-
là il avait tenu caché près de lui, et le jeta sur
la table.

» C'était une tête fraîchement coupée, c'était la
tête de Guillaume, le trouvère !

» A cette vue, Saurimonde fit entendre un cri d'horreur, et elle s'évanouit.

» — Gente dame, s'écria Raymond d'une voix frémissante, reconnaissez-vous la tête de Guillaume? Tenez, voyez, ne dirait-on pas qu'elle vous sourit?... Et son cœur, l'avez-vous trouvé bon, dites? car c'est son cœur que vous venez de manger.

» C'en était trop, la jeune femme se redressa avec violence, éperdue, égarée, presque folle, et d'une voix indignée :

» — Oui, Monseigneur, s'écria-t-elle, je l'ai trouvé bon, si bon, que jamais autre manger ne m'en ôtera le goût.

» A ces mots, le comte Raymond se précipita sur elle l'épée nue à la main, mais Saurimonde, prompte comme l'éclair, ouvre une des croisées de la tour, fait le signe de la croix, recommande son âme à Dieu, et se jette dans l'espace.

» Le lendemain on trouva son cadavre froid sur les dalles de la cour.

» Alphonse II, qui régnait alors, trouva mauvais que l'on eût ainsi mis à mort le trouvère Guillaume Cabestaing, à cause des jolis vers qu'il faisait. Il envoya des hommes d'armes à Castel-Rosello, lesquels étranglèrent le comte Raymond, sans autre forme de procès; après quoi son château fut brûlé et rasé.

» De cette demeure seigneuriale, il ne reste plus qu'une tour qui conserve dans les mystères de ses ruines, le secret de cette sanglante tragédie. »

— Votre légende est certes fort dramatique, dit Perrot, l'employé des contributions, qui ne prenait la parole qu'à bon escient, mais il me semble, sauf erreur, que j'en ai lu une toute semblable dont le châtelain de Coucy était le malheureux héros; or, il n'est pas admissible que le même fait se soit passé dans l'Aisne et dans les Pyrénées-Orientales; sur les deux légendes, il y en a donc une de fausse.

— Toutes les deux peut-être, ajouta Léon Hilaire; les traditions en ont bien fait d'autres.

— Messieurs, répondit Silvain Moutonnet, je n'ai pas à me préoccuper de toutes ces choses; je trouve sous mes pas une légende, et je la cueille précieusement pour me conformer au programme du concours. Maintenant qu'elle soit vraie ou fausse, cela, en vérité, m'importe peu. Je n'ai pas mission d'établir l'authenticité des traditions populaires. D'ailleurs une légende ne se prouve pas, sans quoi ce ne serait plus de la légende.

— Très-bien dit, il a raison, s'écrièrent plusieurs voix à la fois. Continuez, M. Moutonnet.

— Mais j'ai terminé, Messieurs, à moins que vous ne vouliez me permettre de revenir à mon point de départ, c'est-à-dire à Elne, et d'ajouter, comme appendice à ce chapitre, l'histoire abrégée des deux villes dont elle est voisine : Argelès et Collioure?

— Il faut savoir d'abord, dit l'inflexible Saint-

Blancard, si ce sujet rentre dans le plan du concours ; pas de disgression inutile.

— Il ne peut pas mieux y rentrer, M. le président, puisqu'il s'agit de deux villes de notre département.

— Dans ce cas, vous pouvez continuer.

— Argelès, ou plutôt Argelès-sur-mer, comme on dit communément, est situé, reprit Moutonnet, dans une plaine fertile, sur la route de Collioure, à 4 kilomètres de la mer, et à 25 de Perpignan ; une petite rivière, la Massane, passe devant ses portes pour aller se jeter dans la Méditerranée. Sa population n'atteint pas le chiffre de 3000 âmes. Autrefois c'était une ville fortifiée qui eut à soutenir des siéges nombreux ; celui de 1442 présente une particularité peu commune ; les habitants, fatigués de la domination espagnole, se révoltèrent tout à coup, et forcèrent la garnison à se réfugier dans une église, où elle demeura emprisonnée jusqu'à l'arrivée des troupes françaises.

« Au mois de mai de l'année 1793, les Espagnols s'emparèrent d'Argelès, ils brûlèrent solennellement, sur la place publique, les décrets de l'assemblée nationale, et forcèrent les habitants terrifiés à prêter serment au roi d'Espagne, mais les soldats de la république n'eurent en quelque sorte qu'à se présenter pour chasser les ennemis de la ville, qui redevint plus française que jamais.

» Collioure, qui n'est qu'à huit kilomètres d'Ar-

gelès, est une ville fort ancienne, mais dont l'origine n'est pas exactement connue. M. Isidore
Blondel vous a dit tout à l'heure, en parlant de
Perpignan, que des envoyés de Rome s'étaient
rendus à Ruscino pour demander, au nom d'Annibal, le passage des troupes en Espagne. Eh
bien ! c'est à Collioure que débarquèrent les
députés du général romain, et ce fait suffit, à lui
seul, pour démontrer l'antiquité de cette ville.

» Collioure est une place forte maritime; elle
possède une école d'hydrographie de quatrième
classe. Le peu de sûreté de son port et l'insuffi-
sance de ses fortifications, l'ont toujours empê-
chée d'acquérir une grande importance. Elle
n'est défendue et protégée que par deux forts,
celui de l'*Etoile* et celui du *Mirador*, défenses
évidemment insuffisantes qui n'empêchèrent pas
les armées espagnoles de s'emparer de la place
en 1793.

» La ville, a dit un historien, est agréablement
située sur une colline, dont les pentes descendent
jusqu'au rivage de la mer. Sa disposition, ses
remparts, la tour de l'ancien phare s'avançant
dans la Méditerranée, son littoral bordé de bar-
ques, les unes dans l'eau, les autres tirées à terre,
les filets de pêcheurs étendus sur le rivage, les
groupes réunis de toute part sur la plage, forment
un ensemble animé et gracieux, qui rappelle les
plus jolies toiles de nos peintres de marine.

» Les alentours de Collioure abondent en lieux
historiques, en ruines intéressantes; c'est d'abord,

à 2 kilomètres de la ville, dans une petite vallée couverte d'arbres et de verdure, l'ermitage de Notre-Dame-de-Consolation, dont l'histoire m'entraînerait trop loin ; puis sur le plateau de la vallée, la tour de Massane et celle de Madelac, l'une et l'autre de construction romaine; dans les montagnes de l'Albère, les débris de l'ancienne abbaye de Valbanne, fondée en 1164, et où fut enterrée Yolande, épouse de Jacques Ier, roi d'Aragon, et enfin, à quelques mètres du rivage seulement, au milieu des flots, l'île de Saint-Vincent, où se rend, toutes les années, dans la soirée du 15 août, une nombreuse procession pour aller chercher les reliques du Saint que l'on porte dans l'église de la ville. Vous voyez, Messieurs, que les environs de Collioure offrent aux archéologues des sujets d'étude variés; quant à la ville elle-même, elle ne possède, en fait de monuments historiques, à part ses deux forts, qu'une grosse croix en pierre, œuvre remarquable du moyen âge d'un travail architectural très-curieux à examiner ; il est probable qu'elle faisait partie autrefois de quelque édifice que les révolutions ont détruit ; aujourd'hui elle est placée au cimetière.

» Voilà, Messieurs, ce que j'avais à dire concernant ces deux villes. J'ajouterai, non point pour vous qui le savez, mais pour me conformer aux conditions de notre concours, que Collioure est un chef-lieu de canton de 3,500 habitants, et que son industrie se résume en quelques fabriques de bouchons de liége. On y pêche le thon, la sardine, et il s'y fait un certain commerce de poissons salés, d'ortolans et de vins. »

Les lectures de Silvain Moutonnet obtinrent un succès plus franc et plus complet que celles d'Isidore Blondel ; des applaudissements unanimes lui prouvèrent qu'il avait réussi à présenter la science locale sous une forme attrayante, et firent taire pour un moment les épigrammes anonides dont Léon Hilaire aimait à le harceler.

VIII

Long discours de Léon Hilaire, concernant l'arrondissement de Prades.

Les plus belles choses finissent par fatiguer l'attention. On a reconnu qu'une tragédie — fût-elle un chef-d'œuvre — finirait par ennuyer mortellement si elle dépassait une durée de quatre heures. Quatre heures de tragédie, c'est déjà bien joli ! Les fragments historiques de MM. Blondel et Moutonnet, qui n'étaient que de la vile prose, avaient absorbé à leur profit toute l'attention que l'assemblée pouvait donner sans désemparer à des morceaux de cette nature. Une lecture de plus, et l'auditoire allait se mettre à bâiller. Un entr'acte d'une heure était donc une mesure de précaution que commandait la plus simple prudence. Léon Hilaire l'avait parfaitement compris, et son tour étant arrivé, il demanda une suspension d'audience, afin de subir son épreuve dans des conditions moins défavorables ; le sévère Saint-Blancard s'y refusa d'abord, mais la réunion tout entière ayant for-

tement appuyé la motion d'Hilaire, il fut obligé
de céder.

A la reprise, comme on dit dans les comptes-
rendus judiciaires, Léon Hilaire s'exprima en ces
termes :

— Vous savez, Messieurs, que conformément
aux usages des anciens conquérants, nous nous
sommes partagé le département des Pyrénées-
Orientales ; seulement, au lieu de nous emparer
de son territoire, nous n'avons pris que son histoire. La tâche était moins périlleuse. L'arrondissement de Prades m'est échu en partage. Je vais
donc vous parler de Prades, de Castel, de Villefranche, de Vernet, de Montlouis, de Carol, de
Molitg et de bien d'autres choses encore. Prépa-
rez-vous à me subir pendant vingt minutes, et que
l'ennui, — si ennui il y a — retombe sur M. Saint-
Blancard, c'est lui seul qui est le vrai coupable.

« J'ai peu de chose à dire de Prades ; c'est une
ville qui n'a pas beaucoup fait parler d'elle ; bien
qu'elle ait une existence de plus de mille ans, elle
fut fondée en l'an 844, par suite d'une concession
de terrain accordée par Charles-le-chauve ; bien dif-
férente de ces cités que les guerres, les siéges, les
révolutions ont si cruellement tourmentées, Prades
a eu presque toujours une vie calme et pacifique.
Heureuses les villes dont l'histoire est dépourvue
d'intérêt ! Cela lui a permis de conserver quelques
monuments du passé, tels que les bâtiments du
petit séminaire et une belle et grande église dont
la construction remonte vers la fin du ixe siècle.

On trouve, à peu de distance de la ville, les ruines de l'ancienne abbaye de Saint-Martin-de-Cuxa.

» Prades est un chef-lieu d'arrondissement que 3,500 personnes suffisent à peupler; la ville assez mal bâtie n'est ni laide ni jolie, elle est située sur la rive gauche du Tit, au milieu de vastes prairies qui lui ont donné son nom, car vous savez, Messieurs, que dans notre patois, *Prados* signifie prairies.

» En quittant Prades et en suivant la route qui s'enfonce dans les montagnes, la première ville que l'on rencontre est une petite place de guerre qui n'a aujourd'hui que 700 habitants, mais dont l'importance a été jadis relativement assez grande; elle se nomme Villefranche, et n'est qu'à 6 kilomètres de Prades. Elle fut fondée au xie siècle par Guillaume Raymond, comte de Cerdagne, qui la plaça à l'entrée d'une gorge étroite, de telle façon qu'elle pût commander toute la vallée du confluent. Cette position valut à ses habitants des priviléges très-étendus, et notamment une indépendance assez rare en ces temps de servitude. En 1644, elle se donna aux Français, mais bientôt les Espagnols la reprirent. En 1654, les Français s'en emparèrent de nouveau après un siége de six jours. Depuis cette époque elle a toujours appartenu à la France, car je ne tiens pas compte de l'occupation espagnole, en 1793, qui ne dura que vingt jours.

» On admire dans les environs une très-curieuse grotte nommée la *Castra-bastère*. Les abon-

dantes carrières de marbre blanc, gris, vert et
rouge, sont pour Villefranche une source de
richesse, et forment sa principale industrie.

» De Villefranche à Vernet, la distance n'est
que de 8 kilomètres ; il est situé sur la route qui
conduit au mont Canigou, c'est un des nombreux
établissements thermaux des Pyrénées-Orientales
où l'on ne compte pas moins de 40 sources minérales. Les eaux de Vernet que l'on dit excellentes
pour plusieurs maladies, n'ont pas acquis néanmoins une grande réputation. On cite Ibrahim-
Pacha qui vint y chercher en 1846 la guérison de
ses maux. Les constructions de Vernet, qui
s'étendent sur le penchant d'une montagne, près
de la rivière de Teuilla, dans un gracieux vallon,
présentent un coup d'œil extrêmement pittoresque. On y fabrique un drap commun dont s'habil-
lent les gens aisés du pays.

» Vernet touche presque à Castell. Deux kilomètres seulement les séparent. Castell n'est qu'un
village ayant à peine 200 habitants, et s'il a quelque importance, s'il a l'insigne honneur de figurer
sur les cartes géographiques, il le doit à son voisinage des ruines de l'ancien monastère de Saint-
Martin-du Canigou, et aussi à ce qu'il est le
dernier endroit habité que les touristes se ren-
dant au Mont-Canigou rencontrent sur leur route.

» Laissez-moi vous dire un mot de la montagne
du *Canigou*, je reviendrai ensuite aux ruines du
monastère.

» Le mont Canigou peut être considéré comme

le contre-fort secondaire des Pyrénées. Sa cime
que l'on aperçoit à trente lieues de distance, quoiqu'elle ne s'élève qu'à 2,176 mètres au-dessus du
niveau de la mer, est couverte de neiges pendant
huit mois de l'année ; du côté du nord, on remarque dans les flancs du géant de larges et profondes
crevasses où les neiges et les glaces ne fondent
jamais. Voici la description sommaire qu'en a
donnée M. Thiers : « La plaine, dit-il, n'avait reçu
encore aucun rayon du soleil, lorsque le Canigou
reçut sur son front une teinte rose qui, se mariant
à la blancheur des neiges, produisit une nuance
d'une inexprimable douceur. Cette bande lumi-
neuse s'agrandissant par l'élévation progressive
du soleil, le pic supérieur semblait croître à
mesure qu'il s'éclairait. Bientôt le mont tout
entier se trouva inondé de lumière et de pour-
pre ; alors toutes les formes cachées dans l'obscurité se dessinèrent à la fois, toutes les saillies
ressortirent, toutes ses profondeurs semblèrent
s'enfoncer encore, et il parut acquérir une réalité
qu'il n'avait pas. Le froid, le vent, la rapidité de
la course ajoutaient à l'effet de ce grand spectacle. »

» C'est là, c'est dans ce lieu désert et sauvage
que s'élevait autrefois, vers le tiers de la hauteur
du Canigou, et à l'aspect de l'Orient, l'ancienne
abbaye de Saint-Martin, plus connue sous le nom
de Saint-Martin-du-Canigou. Une tradition que
les historiens ont contestée, attribue la fondation
de ce monastère aux remords de Wifred, comte
de Cerdagne qui, dans un moment de colère,

aurait injustement tué son neveu ; c'est pour se faire pardonner ce crime qu'il aurait fait construire cet asile de la prière. Je ne sais, Messieurs, si cette légende dit bien la vérité ; quoi qu'il en soit, on sait, d'une manière certaine, que l'église de l'abbaye fut consacrée en 1009, par Oliba, évêque d'Elne, et que Wifred, comte de Cerdagne, y prit l'habit monastique en l'an 1035.

» L'abbaye de Saint-Martin-du-Canigou était perchée sur les flancs du mont, aux bords d'un affreux précipice, dans une position inaccessible ; on a essayé, au dernier siècle, d'y tracer un chemin, mais outre que l'on ne peut y passer qu'à cheval, il n'a pas daigné arriver jusqu'aux bâtiments du monastère, de sorte que celui-ci se voit encore isolé et seul au milieu de ces montagnes sauvages, tel qu'il l'était en l'an 1000, lorsque le comte Wifred le fit édifier sur les ruines de l'église de Saint-Martin.

» Car il est de toute évidence que l'église a précédé le monastère.

» D'où venait cette église? qui l'avait construite? depuis quelle époque était-elle là? c'est ce que je ne saurais dire.

» C'était une église double, dont la plus grande partie était creusée dans le roc : l'église basse dans les entrailles de la montagne, et l'église supérieure au-dessus. Il n'en reste que des ruines.

» Les nombreuses donations dont l'abbaye de Saint-Martin ne tarda pas à être gratifiée par Wifred et son épouse, la placèrent bientôt au

rang des premiers établissements monastiques
des Pyrénées. Son abbé jouissait de presque
toutes les prérogatives épiscopales, et d'un revenu de 8000 livres. En 1713, on sollicita auprès
de la cour de Rome, je ne sais pour quels motifs,
la suppression de cette abbaye, qui fut prononcée
en 1783. Dès lors, le couvent fut abandonné;
en 1784, on transporta à Perpignan les fameuses
reliques de saint Faudérique, patron de la province, et le tombeau de Wifred, comte de Cerdagne, fondateur du monastère, fut déposé dans
l'église de Castell.

» Cet antique monastère n'offre plus qu'un
amas de ruines que domine la tour carrée du
clocher. On raconte que cette tour servit de
cellule au comte Wifred, et l'on retrouve sur
ses murailles intérieures les traces d'anciennes
peintures. On reconnaît aussi l'emplacement du
cloître, enfoncé d'environ six mètres au-dessous
du niveau de la terre; c'était une enceinte carrée
peu étendue.

» Une terrasse terminée par un oratoire se des-
sinait sur la croupe de la montagne, à la droite
du couvent, et servait de promenade aux religieux; on lui avait donné le nom de *Méraude*, mot
espagnol qui signifie *regarder*, car il est évident
que *Méraude* vient de *mirar*; mais quand on est
sur les lieux on trouve cette dénomination un peu
ambitieuse, car le coup d'œil y est aussi borné
que triste. Cette sauvage retraite n'a effectivement
d'autre point de vue que les arides revers de

montagnes entrecoupées. « Un seul endroit, dit le vicomte de Carrière, offre la vue de la campagne : c'est alors qu'après avoir suivi les premières rampes du chemin qui part de Castell, on tourne à gauche pour monter vers l'abbaye : deux énormes rochers qui paraissent se joindre, laissent tout à coup apercevoir le charmant vallon de Vernet, ainsi que les maisons de ce village rangées en amphithéâtre sur une colline qui s'élève en face. »

» Aujourd'hui, les débris de cet antique monastère, entourés de ronces et de broussailles, sont devenus un lieu de refuge pour les troupeaux que l'orage surprend sur la montagne, et pendant l'hiver les loups vont y chercher un abri contre la neige. Voilà, Messieurs, à quoi servent ces ruines.

» Mais puisque j'en suis aux restes des anciens monastères, permettez-moi de vous entretenir d'une autre communauté religieuse qui se trouvait non loin du Canigou, dans la vallée de Cuxa, et qui occupe une place importante dans l'histoire du pays Roussillonnais : je veux parler de l'abbaye de Saint-André d'Exalata, devenue plus tard l'abbaye de Saint-Michel.

» Sur la route qui conduit de Prades en Espagne, en passant par Mont-Louis et Puycerda, à 4 kilomètres environ au-dessus du bourg d'Olatte, entre Prades et Mont-Louis, à la descente appelée les *graous*, on aperçoit sur la droite un fragment de vieille muraille et les restes d'une voûte d'église; à gauche on voit l'enceinte peu étendue d'un édifice qui a dû être de forme carrée : ce sont là les ruines de l'ancienne abbaye de Saint-André-d'Exalata!

» Elle dut son origine à quelques pauvres moines qui, venant d'Urgel, ville de la Cerdagne Espagnole, s'arrêtèrent à l'endroit nommé *Exalata*, sur les rives du Tit, à l'endroit des gorges du confluent.

» Ce lieu leur parut favorable à la méditation et à la prière, car il se trouvait éloigné du tumulte des hommes et du bruit des cités ; ils y bâtirent lentement, et à leurs frais, un monastère qu'ils dédièrent à Saint-André.

» En quelle année s'éleva ce pieux monument? C'est ce qu'il ne m'est pas possible de vous dire, l'histoire de ces temps reculés étant entourée d'obscurités; mais, d'après les conjectures les plus probables, sa fondation ne doit pas remonter au delà du ix° siècle.

» Ce qu'il y a de certain, c'est qu'en l'année 846, le monastère était en pleine activité ; on en a la preuve dans un acte authentique rapporté par le chroniqueur Baluze, et duquel il résulte que le comte de Bérac, avait fait à cette époque, au monastère en question, une donation importante.

» En l'année 878, la rivière du Tit, grossie par la fonte des neiges, submergea la vallée tout entière, occasionna des malheurs très-grands, et renversa le monastère. Presque tous les religieux périrent dans cette inondation, à l'exception de quelques-uns qui, *échappés au naufrage* par miracle, pour employer les propres paroles de l'acte, se retirèrent dans la vallée de Cuxa.

» Protais, un des religieux qui avaient survécu à la ruine de l'abbaye, avait une propriété dans la vallée de Cuxa. Il implora la protection de Charles-le-chauve, alors roi de France, et celle de Miron, comte de Barcelone, qui l'un et l'autre le traitèrent avec faveur, ce que voyant il fonda une nouvelle abbaye qu'il dédia à Saint-Germain, et qui s'appela conséquemment l'abbaye de Saint-Germain de Cuxa. Plus tard, la dédicace fut changée, et l'abbaye prit le nom de Saint-Michel.

» Au xe siècle, les libéralités de Miron, évêque de Gironne, et de son frère Oliba-Cabreta, favorisèrent l'achèvement du nouveau monastère, où il n'y avait d'abord que cinquante religieux. Il fut dédié en 974 avec beaucoup de pompe et une grande solennité. Sept évêques avaient été réunis pour cette cérémonie en mémoire des sept dons du Saint-Esprit, c'étaient les évêques d'Elnes, d'Urgel, de Gironne, de Livourne, d'Ausonne, de Toulouse, de Cousserans et de Carcassonne. Sept autels furent élevés dans les diverses chapelles de l'église.

» Le monastère de la vallée de Cuxa, d'abord désigné sous le nom de Saint-Germain, quelquefois sous les noms de Saint-Germain et de Saint-André, en souvenir du couvent d'Exalata, ensuite sous les noms de Saint-Germain et de Saint-Michel, n'a plus été connu, dans les derniers siècles, que sous le nom de monastère de Saint-Michel.

» L'abbé de Saint-Michel de Cuxa exerçait une juridiction fort étendue, et jouissait de beaucoup de prérogatives : l'administration des sacrements d'Ordre et de Confirmation était la seule fonction épiscopale qu'il n'eût pas le pouvoir de remplir. Ses revenus s'élevaient à 25,000 livres, grevées de quelques pensions, et notamment d'une rente annuelle de 4000 livres, qu'il était obligé de payer à l'université de Perpignan.

» Devenu célèbre dans toute la chrétienté, enrichi des largesses des rois de France et des souverains de la contrée, le monastère de Saint-Michel avait vu ses domaines s'accroître et ses bâtiments s'augmenter très-rapidement. Vendu par la révolution, il fut dépecé et devint la propriété de divers acquéreurs. Il n'offre plus aujourd'hui que des ruines dont personne n'a souci.

» Les religieux de Saint-Michel vivaient séparément, et bien qu'ils appartinssent à l'ordre de Saint-Benoît, ils jouissaient d'une assez grande liberté. Quand la tempête révolutionnaire vint les disperser, ils n'étaient plus que huit, y compris les dignitaires. Le revenu de ces derniers atteignait le chiffre de 6000 livres, tandis que les religieux ne jouissaient que d'environ 1200 livres par an. Mais les uns et les autres, il faut savoir le reconnaître, s'appliquaient à répandre les aumônes autour d'eux, et les habitants de ces vallées, dont les premiers moines d'Exalata avaient

défriché les terres, se ressentirent pendant longtemps de la disparition des religieux.

» L'abbaye de Saint-Michel est fertile en souvenirs historiques : c'est là que Pierre Ursuolo,
un doge de Venise, mourut en 977 après avoir
pris l'habit religieux [1]; c'est là que l'archevêque
de Narbonne, les évêques de Toulouse, de Gironne, de Comminges, de Maguelonne, d'Ausonne, de Carcassonne, de Cousserans et de
Beziers se réunirent en un concile au commencement du xie siècle, concile où assistait un
nonce du pape ; c'est dans l'abbaye de Saint-
Michel que fut arrêté et fustigé Giladert, comte
de Roussillon, par les soldats de Guillaume-Ray-
mond, comte de Cerdagne [2]; c'est enfin dans ce
monastère, aujourd'hui démoli et oublié, qu'allè-

(1) Pierre Ursuolo ayant été canonisé par le pape Clé-
ment XII, la république de Venise fit demander ses restes
mortels à l'abbaye de Saint-Michel; deux moines, désignés
par la communauté, accompagnèrent le corps du Saint qui
fut placé dans l'église Saint-Marc. Les Vénitiens firent
présent aux religieux d'une magnifique aiguière en ar-
gent.

(2) Le scandale donné par le comte de Cerdagne occasionna une immense agitation dans toute la chrétienté; il
fallait à l'Eglise une réparation. Le comte Raymond, de
Cerdagne, fut menacé d'excommunication. Il se rendit
auprès de l'évêque d'Elne pour chercher à détourner les
foudres dont il était menacé; l'évêque fut inflexible. Il
servit d'intermédiaire entre la cour de Rome et le comte
de Cerdagne, auteur du sacrilége, lequel déclara se sou-
mettre par avance à la pénitence qui lui serait imposée.

rent demander la paix et le bonheur plusieurs personnages notables de l'époque dont l'énumération deviendrait fatigante.

» C'est là, à peu de chose près, tout ce que j'ai trouvé de curieux et d'intéressant concernant ces abbayes ; il me reste à vous parler de quelques villes peu importantes de l'arrondissement de Prades, puis, je vous lirai, non pas une légende, mais une véritable histoire dont le curé de Savignac fut le digne héros, mais, comme cette lecture demande encore dix ou douze minutes, je sollicite un moment de repos. »

— Accordé ! répondit le président qui continuait à prendre ses fonctions au sérieux ; en attendant, nous allons déguster un petit vin de Rivesaltes dont vous me direz des nouvelles.

IX

Le vin de Rivesaltes, on nous croira sur parole, reçut une ovation au moins égale à celle qui avait accueilli les précédentes lectures ; l'enthousiasme fut si sincère, si général, que le président Saint-Blancard eut toutes les peines du monde, malgré le vacarme de sa sonnette, à obtenir un moment de silence. Son autorité faillit être à jamais compromise. Cependant, il parvint à apaiser le tohu-bohu des conversations, et le jeune Léon Hilaire reprit en ces termes :

« De l'endroit où se trouvait l'abbaye dont je viens de vous parler, il n'y a que quelques kilomètres à parcourir pour arriver à Mont-Louis, situé sur la route d'Espagne ; c'était autrefois une ville de guerre que fonda Louis XIV, et que Vauban fortifia, afin de défendre le col de la Perche ; aujourd'hui ce n'est qu'un très-modeste chef-lieu de canton, sans commerce, sans indus-

trie n'ayant pour tout monument que ses casernes, sa citadelle et une pyramide élevée à la
mémoire du général Dagobert.

» La ville est fièrement campée sur un roc
aride, escarpé que tapissent des lichens et quelques rares fleurs sauvages, amies des rochers ; je
vous signale, à 3 kilomètres de Mont-Louis, le
village de Planès, où se trouve une église que
l'on dit être de construction arabe, et qui est
sans contredit un des monuments religieux les
plus curieux de France.

» Carol, ou pour mieux dire la tour-de-Carol
touche à la fois aux limites du département de
l'Ariége, au val d'Andorre et à la Cerdagne espa-
pagnole ; elle n'a de remarquable que le caractère sauvage et désolé des sites qui l'environnent,
et je ne la mentionne qu'à cause de sa situation
exceptionnelle ; cette situation en a fait un des
points les plus commerciaux du pays.

» J'aurais dû, avant de quitter Prades pour
m'en aller aux frontières espagnoles, vous dire
un mot du bourg de Molitg, situé à neuf kilomètres du chef-lieu d'arrondissement ; j'ai vio-
lement interrompu l'ordre topographique, ce
qui n'aura pas de bien graves inconvénients,
puisque nous ne voyageons que par la pensée.
Après tout, Molitg n'est qu'un insignifiant village qui doit à ses eaux minérales son peu de
célébrité, une célébrité qui ne dépasse guère
les limites du département. C'est à Molitg que
naquit Berengère de Paracols, un troubadour

du XII° siècle qui eut de son vivant une grande réputation.

» Parmi les curiosités des environs, il faut citer les belles ruines de l'ancien couvent de Notre-Dame-de-Corbiac, et les restes du château de Paracols, qui fut, pendant de longues années, la résidence habituelle des seigneurs de Molitg.

» Je ne vous parle pas du Bourg-Madame, ni de Pugeada par la raison qu'il n'y a rien à en dire, et j'arrive tout de suite à l'histoire du curé de Savignac. »

— Il me semble, interrompit Saint-Blancard, qu'il serait préférable, avant d'entendre cette histoire, de donner la parole à M. Perrot qui a fait l'historique des principales villes de l'arrondissement de Cerret ; de cette manière, le tableau du département ne se trouverait pas scindé. Qu'en pense l'assemblée?

— Nous sommes de l'avis de M. le président, répondirent deux ou trois voix : son observation est très-judicieuse.

— Va pour M. Perrot, appuya Eustache Lenoir, nous sommes prêts à l'écouter, pourvu qu'il ne nous mette pas à *contribution* pendant trop longtemps, ajouta-t-il en faisant allusion à la fonction qu'exerçait le jeune homme.

De bruyants éclats de rire saluèrent ce jeu de mots, et Auguste Perrot lui-même partagea l'hilarité générale.

— Du silence, Messieurs, s'écria Saint-Blancard

qui trouvait la réunion un peu tapageuse! M. Perrot a la parole.

L'employé des contributions indirectes, dont l'embarras était visible, donna lecture, d'une voix émue, du fragment suivant :

« Cerret, le chef-lieu du 2º arrondissement, est situé sur la rive droite du Tech, au pied des Pyrénées, à quelques pas des frontières espagnoles ; c'est une petite ville de 4000 âmes, entourée encore des hautes murailles flanquées de tours qui jadis servaient à la défendre. Son histoire est entourée de ténèbres et d'obscurité, surtout pour ce qui concerne la période du moyen-âge ; on sait pourtant qu'elle fut fondée en l'an 820 par un seigneur Wimar, à qui Charlemagne avait fait concession du terrain. C'est à Cerret que se réunirent, en 1660, les commissaires internationaux chargés de fixer, conformément au traité de paix des Pyrénées, les limites de la France et de l'Espagne. Ce souvenir historique est à peu près le seul que rappelle Cerret ; je dois ajouter pourtant que c'est dans les environs de cette ville, que le général Dugommier mettait en déroute, en avril 1794, dix mille soldats Espagnols, avec une armée de trois mille hommes.

» Cerret est pauvre en monuments. C'est tout au plus s'il a une belle fontaine qui fait le plus joli ornement du faubourg, mais il a un pont qui provoque l'admiration des étrangers ; il est vrai que c'est le pont du diable : il est jeté sur le Tech, entre deux rochers, à une hauteur immense, et son aspect offre quelque chose de véritablement étrange. Quant aux environs, je ne vois guère à mentionner que l'ermitage de Saint-Ferréol.

» Après Cerret, la ville la plus importante de l'arrondissement est Port-Vendres, place de guerre de 4ᵉ classe, qui, par sa situation à l'extrémité du golfe de Lion et près de la frontière d'Espagne, présente une position militaire du plus haut intérêt, dans le cas d'une guerre maritime; mais Port-Vendres a toujours été un peu négligé. Malgré le crédit de 2,500,000 qui fut voté en 1845, pour réparer et agrandir le port; malgré la facilité de la navigation pour se rendre en Algérie, Port-Vendres n'a pas encore acquis l'importance à laquelle il me paraît avoir droit. Je fais des vœux très-sincères pour que l'avenir lui accorde de meilleures destinées.

» La ville remonte à une haute antiquité, et pendant de longues années elle appartint aux Romains, qui firent creuser le port au pied de la montagne, port de chétive importance où la province narbonnaise allait s'approvisionner d'huitres, de poissons et de coquillages. Plusieurs siècles s'écoulent et ni les Visigoths, ni les rois d'Aragon ne songent à Port-Vendres; Jayme Iᵉʳ seulement, s'occupe d'arrêter les progrès de l'ensablement. Sous la domination aragonaise Port-Vendres n'est pas plus heureux; les rois d'Espagne seuls font exécuter des travaux considérables, et c'est alors que les galères royales

vont s'y abriter. La France, devenue maîtresse
du Roussillon, ne fait pas plus que l'Espagne;
que dis-je? elle fait moins, puisque le port finit
par se transformer en un écueil, et que la ville,
vers le milieu du 18e siècle, ne comptait que
cinq ou six maisons. C'est en vain que l'illustre
Vauban avait essayé de la relever; ses propositions n'avaient pas été écoutées; le comte de
Mailly reprit en sous-œuvre la pensée de Vauban,
et fut plus heureux que lui; il obtint que tous
ceux qui voudraient bâtir à Port-Vendres fussent pendant quinze années exempts de tout
impôt. Cette mesure attira un grand nombre
d'habitants et la ville se trouva transformée en
peu de temps : il est vrai que le comte de Mailly
y avait fait bâtir de vastes quais, et une très-belle
place, au milieu de laquelle s'élevait un obélisque
à la gloire de Louis XVI.

» En 1793, Port-Vendres devint la proie des
Espagnols, et pour le leur prendre il fallut un
siége, à la suite duquel l'armée espagnole fut
obligée de capituler.

» Nos immenses possessions de l'Algérie et
la navigation à vapeur semblent avoir doublé,
depuis une quarantaine d'années, l'importance
de Port-Vendres, qui atteindra peut-être un
jour aux brillantes destinées que sa position lui
assigne.

» Si je quitte les bords de la mer pour m'enga-
ger dans les montagnes, je trouve Bellegarde,
l'Ecluse et Prats-de-Mollò, trois postes militaires

placés dans les gorges pour défendre à l'ennemi l'approche du territoire.

» Bellegarde est chargée de protéger le col de Perthus. Là où s'élève aujourd'hui une place régulière composée de cinq bastions, il n'y avait au xvii° siècle qu'une simple tour à laquelle les Espagnols ajoutèrent quelques travaux de fortification, en 1674. Louis XIV, après la paix de Nimègue, changea la modeste tour en une forteresse. C'est au fort de Bellegarde que furent portés les restes de Dugommier, tué à la Forêt-Noire, en 1794.

» Le poste militaire de l'Ecluse dépend de Bellegarde, dont il n'est éloigné que de deux kilomètres; c'est à quelques pas de là que se trouve le fameux col de Perthus, entre deux montagnes très-élevées, et dans un encaissement où passe la route de France en Espagne.

» Des historiens prétendent qu'au point culminant du col de Perthus, se voyait autrefois un trophée de Pompée et un autel édifié par César; ce qu'il y a de bien certain c'est qu'il n'en reste aucun vestige. C'est cet endroit, où devaient se trouver les édifices romains, qui fut fixé, en 1764, comme la limite de la France et de l'Espagne. Deux pierres de marbre portent une inscription constatant la délimitation du territoire et les noms des deux commissaires s'y trouvent mentionnés : c'étaient le comte de Mailly pour la France, et le général Mina pour l'Espagne.

» L'origine de l'Ecluse date d'une époque très-éloignée; ce village existait dès les premiers temps de l'occupation romaine. Il était défendu par deux châteaux-forts dont il ne reste aucun vestige. Un chef des Wisigoths nommé Wamba, s'empara de l'Ecluse en 673, et fit périr dans les tortures une partie de ses habitants.

Prats-de-Mollo, comme ville, n'a guère plus d'importance que Bellegarde, à peine y peut-on compter 700 habitants; c'est pourtant un chef-lieu de canton. Il est situé sur la rive gauche du Tech, dans une contrée aride et sauvage, où de hautes montagnes lui font un cadre de granit; ses gothiques maisons s'élevant en amphithéâtre, ses antiques remparts que les siècles ont dégradés, ses tours rondes qui rappellent la construction du moyen-âge, ses noirs bastions prêts à vomir la mitraille lui donnent une physionomie tout à fait particulière. On dirait une cité du XIIe siècle transportée au milieu de notre civilisation. Au sommet de la montagne sur laquelle s'étage la ville, se trouve l'église paroissiale, œuvre d'art des âges de foi que les hommes ont mutilée; sur une hauteur voisine, se dresse le fort Lagarde, construit par Vauban. Il est relié à l'église par un chemin souterrain qui a dû nécessiter des dépenses énormes.

» Non loin de Prats-de-Mollo, à trois kilomètres environ, se trouve l'établissement thermal de la Preste, fréquenté par les Espagnols et par les malades du pays. Puisque j'en suis aux établissements thermaux, je dois mentionner le village des Bains, situé entre Arles et Cerret, à 9 kilomètres de cette dernière ville, sur la rive gauche du Mondoni; il possède trois sources d'eaux minérales, dont les propriétés médicales ont déterminé la fondation d'un important établissement thermal.

» Le village des Bains, que l'on appelle aussi Bains-près-Arles, ou Amélie-les-Bains, (les noms ne manquent pas) n'a que 500 âmes de population. Cet humble chiffre dit assez son insignifiance. Les Espagnols le prirent en 1793, et livrèrent les maisons aux flammes après les avoir pillées. Les armées de la république le reprirent le 1er mai 1794.

» On remarque près du bourg une petite forteresse de forme carrée qui fut construite par les ordres de Louis XIV, afin de maintenir les habitants de la vallée qui murmuraient contre l'impôt de la gabelle; plus loin, on trouve un monument de construction romaine auquel on a donné le nom pompeux de temple de Diane, mais rien ne démontre qu'il ait été réellement dédié à cette déesse païenne.

» C'est là, Messieurs, tout ce que j'ai trouvé d'important dans l'arrondissement que j'ai été chargé d'explorer; j'ai présenté les faits sommairement, mais je crois néanmoins n'avoir rien oublié d'essentiel; quant à la forme, elle doit être très-imparfaite, n'ayant pas l'habitude d'écrire; aussi vous prierai-je, Messieurs, d'excuser les fautes de l'auteur.

» Maintenant, je cède la parole à mon ami
Léon Hilaire qui va nous dire l'histoire du curé
de Savignac. »

Léon Hilaire profita aussitôt de la permission
qui lui était octroyée et voici ce qu'il raconta.

X

Le curé de Savignac.

« C'était pendant la république; quatorze armées venaient de surgir du sol de la France pour défendre le territoire menacé. On se battait ici et là, le canon retentissait aux frontières. C'est bien le cas de dire que l'on était sur un volcan.

» Les contingents fournis à la levée en masse par les contrées Pyrénéennes furent dirigés en grande partie contre les Espagnols qui avaient entamé le Roussillon. C'était une terrible guerre à soutenir. Ces peuples de la vieille Espagne, si éminemment catholiques, avaient entendu raconter tant de monstrueux excès commis par les révolutionnaires, que les Français étaient devenus pour eux les ennemis de Dieu et de l'humanité; aussi lorsqu'un soldat républicain tombait entre leurs mains, ils le faisaient mourir dans d'horribles tortures. Ils nous appelaient *tueurs de rois, fondeurs de cloches.* De leur côté, les soldats de la république cherchaient à venger leurs frères,

de telle sorte que cette guerre avec l'Espagnol
était une véritable guerre d'extermination sans
trève ni merci, où les deux partis semblaient
avoir pris pour règle la barbare devise de Bren-
nus : *malheur aux vaincus!*

› Quelques jours avant le combat où le général
Dugommier devait trouver la mort, des soldats
français, attroupés sous la tente, non loin du
village de Bellegarde, écoutaient le récit des
anciennes campagnes que leur faisait un vétéran;
mais, nous devons le dire, à côté des dangers de
tous les jours, en présence des terribles événements qui tenaient l'Europe en suspens, le passé
s'amoindrissait considérablement, et les souvenirs que l'on se rappelait naguère avec orgueil
n'avaient plus pour les soldats que l'attrait d'un
conte plus ou moins bien imaginé. Les jeunes
conscrits de la république s'enivraient la plupart des passions révolutionnaires, et rêvaient
nous ne savons quelle gloire de la patrie; souvent aussi des remords généreux s'élevaient dans
ces âmes enthousiastes et candides quand leur ap-
paraissait, dans toute son horreur, le tableau des
cruautés qu'un pouvoir tyrannique exerçait sur la
France. Les représentants du peuple obligeaient
souvent des soldats à faire la haie autour des écha-
fauds où l'on faisait monter les aristocrates, les
prêtres et tous les ennemis de la république,
accusation vague qui permettait de ne jamais
laisser chômer les bourreaux. Ces hideux specta-
cles soulevaient les antipathies de la jeunesse

qui défendait lo territoire, et quand le soldat était rentré sous la tente, lorsqu'il ne craignait pas l'œil fauve et la face austère du représentant, il donnait un libre cours à ses sentiments d'humanité.

» Les conscrits et le vétéran que nous venons de montrer bivouaquant aux portes de Bellegarde, avaient assisté la veille à l'exécution de quelques pauvres prêtres, acousés et convaincus d'avoir célébré clandestinement l'office saint, crime nouveau que le code de la république punissait de la peine de mort. Le croirait-on? Ce spectacle avait flatté les passions de l'un des soldats, sansculotte enragé qui passait pour un patriote à la mode de Robespierre.

» — Je ne vous le cache pas, camarades, dit un jeune sous-officier du nom de Julien, dès qu'on eut épuisé le sujet des vieux exploits, et que la conversation en fut venue aux faits actuels, je ne vous le câche pas, lorsque le troisième de ces pauvres prêtres est monté sur l'échafaud, j'ai senti un frisson courir sur mon corps.

» — Allons donc! s'écria le vieux Boissonade en frisant sa moustache grise, c'est bien la peine de s'attendrir pour de méchants calotins qui ne sont bons qu'à fanatiser le peuple, comme le dit notre capitaine qui est un dur à cuire; c'est bon, *on leurs y fera la barbe avec le rasoir national*; quant à toi, mon petit Julien, tu me fais l'effet d'un *suspect*, mais comme nonobstant tu es un bon enfant tout de même; je n'en dirai rien à personne.

» — Ne te gêne pas, citoyen, reprit le jeune homme avec calme; ce que je viens de dire, je le répéterai au représentant lui-même; oui, le troisième prêtre que l'on a guillotiné hier m'a fait de la peine. Eh bien! après?

» — Il faut de la sensibilité mais pas trop n'en faut, prononça sentencieusement une voix. Jamais la capitale n'avait été aussi près de la roche Tarpéyenne. M'est avis qu'il faut veiller au grain.

» — Qu'est-ce qu'il nous chante celui-là avec sa capitale, dit un quatrième; est-ce que la république défend d'avoir un cœur?

» — Non certes, assura Boissonade, mais je ne savais pas que celui de Julien fût si facile à toucher.

» — Je ne suis pas plus *pouille mouillé* qu'un autre, repartit Julien; j'ai vu tomber bien des frères à mes côtés, et je n'ai pas faibli pour cela... mais ce prêtre, ajouta-t-il en passant la main sur son front, oh! ce prêtre m'a ému jusqu'aux larmes, car il m'a semblé...

» — Qu'est-ce qui t'a semblé, voyons? s'écrièrent plusieurs voix à la fois. Dis-nous le fin mot de la chose et l'on verra.

» — Eh bien! voici, dit Julien, je vais vous dire mon idée, et devant Boissonade encore! Il est plus républicain que la république, mais il n'est pas espion. Donc voici la cause de mon émotion, et s'il y a quelqu'un ici qui ne soit pas content, il n'a qu'à le dire, et l'on dégaînera ici même, sur-le-champ; une et deux, c'est l'affaire d'un instant, car, voyez-vous, mes enfants, quand on a une petite affaire il vaut mieux l'arranger en famille que d'aller se faire couper le cou à la parade, en présence des fourriers qui mettent votre paie dans leur poche. N'est-ce pas, Boissonade?

» — Je suis subséquemment de ton opinion pour ce qui est de s'aligner sans tambour ni trompette; nonobstant, dis-nous la chose de ton affaire.

» — C'est beaucoup et ce n'est rien, reprit Julien; cela dépend de la façon dont on voit la manœuvre du sentiment. Faut que vous sachiez d'abord, avant d'aller plus loin, que du temps de l'ancien régime, à l'époque où il y avait un bon Dieu, on avait dans chaque village un calotin que l'on appelait M. le curé. Moi qui vous parle, j'en ai connu qui avaient mérité cent fois de monter sur la guillotine, car ils consolaient de leurs paroles et de leur bourse les malheureux de la commune, et faisaient passer dans les mains du pauvre les deniers et les aumônes des riches... Tu fais la grimace, Boissonade, mais je m'en fiche pas mal... veux-tu en savoir davantage? Eh bien! j'ai servi la messe, j'ai chanté aux vêpres et j'ai été nourri, élevé, protégé par le curé de ma paroisse, un saint homme de prêtre qui m'avait adopté pour son fils, qui m'a donné les éléments de la lecture et de l'écriture, base de tout avancement; un brave homme, enfin; il s'appelait M. Delmas... oui, un brave homme, je le répète, et tous les Boissonades du régiment ne m'empêcheront pas de dire que la république a eu tort de se brouiller avec M. le curé. Brave M. Delmas! je ne l'oublierai jamais. Ah! c'est que c'est un crâne, celui-là, et qui n'a pas peur de la mort, allez! figurez-vous, camarades, qu'il s'est réfugié en Espagne, mais comme il y a là bas, à Savignac, près d'Ars, des vieux qui ne peuvent se déshabituer du bon Dieu, il revient tous les mois, seul, la nuit, à travers les montagnes, pour aller leur serrer les mains, les confesser, baptiser leurs enfants, et leur dire tout bas, bien bas : courage et espoir! Cela fait, il repasse en Espagne. Tous les mois il fait ce voyage d'agrément. Eh bien! mes amis, riez si vous voulez, mais hier, j'ai cru reconnaître ce brave homme sur l'échafaud, et j'allais me faire guillotiner avec lui, lorsque le prêtre que je prenais pour M. Delmas, se tournant de mon côté, m'a fait apercevoir de mon erreur.

» Julien continuait avec une verve intarissable l'éloge de son curé, assurant que la république ferait bien de lui pardonner, lorsque Boissonade et quelques conscrits qui n'aimaient pas, ou qui craignaient de paraître aimer de tels sentiments, mirent fin à l'histoire et au panégyrique en entonnant la *Marseillaise*.

» Le lendemain, Boissonade et Julien furent désignés pour aller, avec une dizaine de leurs camarades, faire une reconnaissance dans la montagne. Boissonade, à son insu peut-être, et malgré lui, gardait une petite rancune à Julien.

» — Eh bien! mon garçon, lui dit-il dès qu'il l'aperçut, as-tu dit ton *Pater?*

» — Parbleu! tu m'y fais songer, dit le jeune conscrit, et s'avançant fièrement vers le plaisant, il lui récita toute l'oraison dominicale, avec des gestes et des menaces qui n'étaient pas du tout en harmonie avec la sublime prière.

» Boissonade allait riposter par un vigoureux soufflet, lorsque le *garde à vous!* de l'officier qui commandait le détachement, obligea les deux soldats à renvoyer, dans un temps plus opportun, leurs controverses religieuses.

» On avait ordre de reconnaître quelques coteaux boisés, où le général pensait que les *Miquelets* avaient bien pu s'embusquer; les soldats pénétrèrent fort avant dans ces bois, et les sondèrent inutilement pendant plusieurs heures; un peu avant midi, on fit une halte pour se reposer et se reconnaître. Boissonade et Julien pensèrent que ce moment était favorable à la reprise de leurs entretiens interrompus, et sans bruit, sans éclat, sans s'être adressé une parole, ils s'en allèrent à l'écart, et d'un seul mouvement, tant ils s'étaient bien compris, ils tombèrent en garde, les armes à la main.

» Mais à peine les fers étaient-ils engagés, qu'une voix chantant des psaumes, se fit entendre à quelques pas de là.

» — Tiens! dit Boissonade avec son accent

railleur; cela se rencontre bien; voilà justement
M. le curé qui chante pour toi l'office des morts;
allons, dépêchons-nous. Tu seras expédié dans
les règles.

» Mais Julien, en proie à une émotion extra-
ordinaire, ne songeait plus à l'adversaire qu'il
avait devant lui, et dont l'épée pouvait impuné-
ment le blesser; il écoutait, les yeux hagards, la
bouche béante, la poitrine oppressée, cette voix
qui réveillait dans son âme tant de doux souvenirs, car ces accents, il les avait entendus dans
d'autres circonstances.

» — C'est lui, c'est lui! s'écria-t-il tout à
coup, et ne songeant plus à la querelle qui venait
de lui mettre le fer à la main, il s'élança de toute
la force de ses jambes vers l'endroit d'où partait
la voix, sans aucun égard pour les injures dont
l'accablait Boissonade. »

XI

Comment le curé de Savignac se vengea de ses ennemis.

Léon Hilaire fit une pause, non point qu'il fût fatigué, mais pour juger de l'impression que son histoire produisait sur la réunion. Peut-être aussi, par une coquetterie d'auteur, voulait-il faire durer l'intérêt, et ne suspendait-il son récit, au moment le plus attachant, que pour mieux aiguillonner la curiosité des personnes qui l'écoutaient ?

— Ce brave et bon Julien m'inspire la plus vive sympathie, dit un convive, pourvu que Boissonade n'aille pas le tuer !

— N'ayez donc pas peur, fit observer Isidore Blondel, puisqu'il est le héros de l'histoire, il ne peut pas mourir ainsi.

— Qu'en savez-vous ? hasarda Cyprien ; un mauvais coup est bientôt donné.

— Et puis ce Boissonade est un sacripant fieffé, ajouta Lenoir qui cherchait vainement un calembour ; j'ai des craintes pour Julien.

— Moi, s'écria un Monsieur dont les paroles

étaient rares ; je suis intrigué par cette voix inconnue qui vient interrompre le duel.

— Assez de commentaires, Messieurs, prononça Saint-Blancard. M. Hilaire, veuillez continuer.

Les vœux du président étant des ordres, le narrateur reprit ainsi :

— La voix sortait d'une grotte dont quelques chênes masquaient l'entrée, si bien que le jeune homme écoutait et regardait en vain. Alors pour être entendu de celui qu'il cherchait, et pour s'en faire reconnaître, il répondit aux chants du prêtre comme il le faisait autrefois, à l'office des dimanches, dans l'église de sa paroisse. Ce moyen lui réussit, et M. Delmas, le bon curé, — car c'était lui, — se précipita les larmes aux yeux vers celui qu'il avait élevé dans sa maison et chéri comme un fils. Nous ne redirons pas les transports qui suivirent les premiers moments de cette rencontre fortuite ; il est des scènes que la plume, même la plus habile, est impuissante à retracer. Le prêtre et le soldat ne s'étaient pas vus depuis longtemps ; ils se jetèrent dans les bras l'un de l'autre, et tous les deux restèrent un moment sans pouvoir proférer une parole, l'émotion et la joie les suffoquaient ; puis, lorsqu'ils eurent imposé silence aux battements de leurs cœurs, et qu'il leur fut possible de parler, ce fut un débordement de questions, un torrent de demandes. Ils voulaient tout savoir à la fois, et leur bouche ne pouvait pas parvenir à donner un corps à toutes les pensées qui affluaient tumultueusement de leur cœur à leur cerveau. Julien rappelait à son curé les jours à jamais perdus de son bonheur d'autrefois : la petite sacristie avec son parfum d'encens, ses armoires en bois de chêne où il serrait ses ornements de drap d'or et ses aubes si pures, le jardin du presbytère où il faisait quelquefois le catéchisme aux enfants, enfin, toute cette existence pleine d'un bonheur obscur, et consacrée aux œuvres d'une bienfaisance modeste.

» — Ah ! M. Delmas, s'écriait-il en couvrant de baisers les mains du vieux prêtre, dans quel temps vivons-nous ? Savez-vous où tout ceci nous mènera, dites ? Moi qui étais si heureux de donner à manger à vos poules et de faire boire votre cheval, me voilà forcé de flanquer des coups de fusil aux Espagnols, qui sont chrétiens comme moi pourtant. Ah ! quel temps, M. le curé !

» — Julien, lui dit le prêtre, je vois avec un bien vif plaisir que tu n'as pas changé, et que ton excellent cœur est toujours le même; mais, au milieu des périls de la guerre, et au contact de ces hommes qui ont renié leur Dieu, peut-être as-tu perdu le sentiment de tes devoirs ?

» — Oh ! que non, M. le curé, répondit le conscrit avec une animation charmante, ce matin même j'ai récité mon *Pater*, et tout à l'heure, quand votre voix est venue jusqu'à moi, savez-vous ce que je faisais ?

» — Tu disais les litanies de la Vierge, peut-être ?

» — Non, j'étais en train d'expédier pour l'autre monde un mécréant de notre régiment qui trouve mauvais que je prie Dieu. Mais ce n'est que partie remise, je réglerai son affaire plus tard... La nuit, M. le curé, lorsque les feux du bivouac sont éteints, je fais un signe de croix, et je dis un *pater* pour vous, car votre souvenir est toujours présent à ma mémoire; lorsque j'entends les cloches espagnoles qui sonnent l'*Angelus*, je pense à l'*Ave Maria*. Tenez, M. le curé, la croix que vous me donnâtes le jour de ma première communion, je la porte toujours sous mes habits. La voilà.

» En même temps Julien déboutonnait son uniforme et montrait au prêtre la croix qu'il portait à son cou.

» Pendant que Delmas félicitait le jeune soldat sur ses bonnes dispositions, et lui donnait quelques conseils dictés par l'amitié, tous les deux se trouvèrent soudainement entourés par les hommes du détachement qui venait reconnaître la forêt. L'officier, qui était un partisan de Maximilien Robespierre, ordonna froidement que l'on arrêtât le conscrit et le curé. Les menaces et les plaisanteries lugubres qui accompagnèrent cet ordre firent comprendre à Julien et à Delmas, que leur dernier moment était arrivé.

» — Sauvez-vous, M. Delmas, dit le soldat, et avec une promptitude qui ne permit pas à ses camarades de l'arrêter, il le poussa dans la grotte.

» Puis, tirant bravement son sabre, il se

plaça debout à l'entrée, bien décidé à défendre ce passage jusqu'à la dernière goutte de son sang.

» L'officier commandant le détachement fut le premier qui fondit sur lui ; Julien le reçut par un coup de sabre dans la poitrine, il tomba en vomissant des flots de sang.

» — A moi ! Boissonade, s'écria-t-il, à moi ! je suis mort.

» Julien le saisit par le bras et le poussa dans la grotte où il alla tomber.

» — Confessez celui-là, M. le curé, et donnez-lui l'absolution, il en a grand besoin.

» Le prêtre s'empressa de prodiguer ses soins à celui qui était venu pour l'arrêter, c'est-à-dire pour l'égorger ; il le releva, fit tous ses efforts pour étancher le sang qui coulait de sa blessure et lui adressa quelques bienveillantes paroles pour lui rendre un peu de courage.

» Affaibli tout à coup par la perte de son sang, vaincu par tant de douceur et de générosité, l'officier républicain eut honte de lui-même, et ne trouva plus ses passions de la veille pour le soutenir contre l'influence de la vertu et les souffrances physiques :

» — Seigneur tout-puissant, ayez pitié de moi, murmura-t-il, M. le curé, pardonnez-moi le mal que je voulais vous faire, je vois à présent tout ce qu'il y a de grand et de sublime dans les enseignements de la religion... Ah ! Jésus, mon Sauveur, je vais mourir, c'en est fait de moi. Sainte Mère

de Dieu, venez à mon secours, je suis perdu...
Priez pour moi, M. le curé...

» — Qu'est-ce qu'il marmotte donc-là? hurlait
Boissonade qui ferraillait avec Julien sur les bords
de la grotte. Courage, mon officier, et vive la
république! Morbleu! encore un moment et je
suis à vous; le temps d'expédier ce partisan de la
calotte. N'allez pas vous confesser au moins. Un
soldat de la Raison, un philosophe! un adorateur
de l'Etre suprême! votre mémoire serait désho-
norée pour la vie.

» Comme on le pense bien, les soldats ne tar-
dèrent pas à prendre part à la lutte engagée
entre Boissonade et le jeune conscrit, si bien que
le courageux Julien, entouré de sabres, ayant à
combattre contre vingt adversaires, succomba peu
d'instants après, non sans avoir lutté avec l'hé-
roïsme du désespoir jusqu'au dernier moment.

» — Adieu, M. Delmas, s'écria-t-il en tombant
couvert de blessures; nous nous reverrons là-
haut. Dites une prière pour moi.

» En ce moment, Boissonade lui porta un dernier coup de sabre sur la tête, et le jeune conscrit
ferma les yeux pour ne plus les rouvrir.

» Le prêtre courut à son secours, mais il était
trop tard, Julien ne respirait plus.

» Le curé de Savignac eut les mains liées der-
rière le dos, on lui banda les yeux avec un mou-
choir, et on le fit mettre à genoux devant l'entrée
de la grotte.

» La victime ne fit aucune résistance; elle tendit

ses bras aux liens, elle présenta sa poitrine nue aux balles des soldats ; seulement, le curé, avant de recevoir la mort, priait Dieu de toutes les forces de son âme, en faveur de ses bourreaux.

» Au moment où les fusils s'abaissaient vers le prêtre, on entendit assez près de la caverne un chant espagnol que des voix puissantes jetaient vers le ciel. Les républicains s'arrêtèrent, ils étaient en danger de tomber entre les mains des ennemis, et la détonation de leurs fusils aurait sans doute attiré les Espagnols dans la grotte. L'exécution du prêtre fut retardée.

» Mais cette précaution était inutile, le détachement de l'armée espagnole se dirigeait vers la retraite où se trouvaient les soldats républicains et il n'était pas possible de leur échapper : la mort était imminente. Boissonade se jeta pâle et tremblant au fond de la grotte.

» — Camarades, dit-il, nous sommes perdus, les *Miquelets* nous ont vus entrer dans le bois, ils nous cherchent.

» — Ils ne nous découvriront peut-être pas dans ce lieu retiré, fit observer un soldat.

» Le prêtre qui, jusqu'alors, était resté à genoux, et s'était recueilli dans l'attente de la mort, se leva tout à coup :

» — Vous vous trompez, mes amis, dit-il avec un ton de mansuétude qui étonna tout le monde ; les Miquelets me connaissent, ils savent que je viens régulièrement dans cette grotte, et dans cinq minutes ils seront ici. Vous n'avez pas un

instant à perdre. Je connais une issue secrète qui
s'ouvre dans les broussailles, dénouez mes liens,
faites tomber mon bandeau, et je vais vous y conduire. C'est le seul moyen qui vous reste pour
échapper à la mort.

» Les soldats se regardaient entre eux d'un air
stupéfait, et jetaient sur le prêtre des yeux irrités.
Il s'était fait un instant de silence.

» — Vous serez toujours à temps de me fusiller; si je vous trompe, reprit le curé, ne serais-je
pas au milieu de vous?... Mais, de grâce, hâtez-
vous, tenez, écoutez, les Miquelets sont là, ils
arrivent.

» Ces paroles firent cesser toutes les hésita-
tions, on rendit au prêtre la liberté de ses mou-
vements, et celui-ci mena les soldats par des
sentiers inconnus, vers une clairière qui avait
vue dans la vallée.

» Arrivé là, l'ecclésiastique s'arrêta.

» — Vous voilà sauvés, dit-il aux soldats ; pour
venir jusqu'ici les Miquelets seraient obligés de
faire un détour de plus d'une lieue, et pendant
ce temps vous auriez rejoint votre camp. Pour
moi, je vous en préviens, je vais rejoindre les
Espagnols qui, plus d'une fois, m'ont protégé dans
les défilés de ces montagnes, et si parmi vous il y
a quelqu'un qui craigne une dénonciation, eh bien
que celui-là me frappe, il en est temps encore.

» Et le prêtre, se mettant à genoux, montrait
sa poitrine aux soldats.

» — Mille tonnerres ! s'écrièrent les soldats,

ne pouvant retenir les larmes qui tombaient de leurs paupières, vous êtes un brave tout de même ! et nous qui voulions vous fusiller tout à l'heure !

» Et tous s'approchèrent de lui, et lui prenant les mains avec effusion les couvrirent de baisers reconnaissants ; Boissonade lui-même, le farouche Boissonade ne put résister à l'impulsion de son cœur ; il donna au généreux curé une vigoureuse étreinte, et se détourna aussitôt avec une sorte de brusquerie pour ne pas laisser voir à ses camarades les pleurs qui coulaient le long de ses joues.

» — Fischtre ! grommela-t-il en s'en allant, s'il y a seulement dix prêtres comme celui-là, cela portera malheur à la république de s'être brouillée avec eux ! Julien avait raison. »

XII

Où l'on verra comment Eustache Lenoir n'eut aucun succès
et comment Cyprien échoua honteusement.

L'histoire du curé de Savignac emporta littéralement tous les suffrages, bien qu'elle fût un
peu longue ; on complimenta à outrance le jeune
Hilaire sur la façon habile dont il avait arrangé
son récit, et celui-ci, tout fier de son triomphe,
fut sur le point de s'écrier, comme M. Prud-
homme : cette narration est le plus beau jour
de ma vie !

Eustache Lenoir et Cyprien prirent à leur tour
la parole, et peu s'en fallut que l'auditoire ne
leur rît au nez. Que Dieu nous garde de repro-
duire leurs travaux ! Le premier s'était borné à
fourrager dans les divers traités géographiques,
et il avait amoncelé, dans quelques pages confuses,
tous les renseignements plus ou moins connus qui
lui étaient tombés sous la plume. Il parlait des
montagnes, des cols, des étangs, des rivières, et
d'une foule d'autres choses. Il résultait de son
indigeste compilation :

1° Que les cols, ou passages des Pyrénées, pour se rendre en Espagne, sont au nombre de quinze, dont les principaux se nomment les cols de *Banyuls*, du *Perthus* et de *Saint-Louis*. Le col de *Banyuls* est le seul qui communique avec la Catalogne. Il fut témoin en 1793 d'un acte de patriotisme qu'il est bon de mentionner : les Espagnols, sachant que la frontière était de ce côté dégarnie de troupes, voulurent y passer pour envahir le Roussillon. Les habitants de Banyuls, commune voisine de col, s'opposèrent à cette marche quoiqu'ils ne fussent pas en état de soutenir une lutte aussi disproportionnée. Le général espagnol les menaça de les faire passer tous au fil de l'épée, mais les courageux montagnards firent répondre par le procureur de la commune, que leur qualité de français leur imposait le devoir de mourir pour l'indépendance de leur pays; la division ennemie s'avança pour les mettre à la raison, mais ces héroïques citoyens, secondés par les vieillards, par les femmes et par les enfants, attaquèrent le détachement avec une si grande impétuosité qu'ils l'obligèrent à prendre la fuite.

2° Qu'il n'existe point, dans les Pyrénées-Orientales, de forêts proprement dites, qu'il n'y a que des bois éparpillés dans les montagnes, la plupart sont débouchés et ne servent conséquemment qu'à l'usage des communes voisines.

3° Que les étangs de la plaine, au nombre de trois, sont formés par les eaux de la mer, réunies à celles que les inondations laissent sur le sol. Le plus important est celui de Salces, dont la superficie, pour les Pyrénées-Orientales seulement, est de 4,200 hectares de terrain ; ses eaux sont amères et légèrement salées. L'étang de Saint-Nazaire n'a qu'une superficie de 940 hectares, et celui de Villeneuve-de-la-Raho, le nain des étangs, n'occupe qu'un espace de 176 hectares. Mais s'il est comparativement petit, il offre cette particularité qu'il ne communique point avec la mer, et qu'il n'est alimenté par aucune source connue ; néanmoins ses eaux sont salées, et pendant les jours de fortes chaleurs elles se cristallisent.

4° Que parmi les rivières sillonnant le département, la *Fontdome* est l'une des plus curieuses que l'on puisse voir ; elle s'enfonce dans les entrailles de la terre après un parcours de cent pas, où elle forme une espèce de marais, voisin de l'étang de Salces ; elle coule souterrainement pendant cinq cents pas environ, puis elle reparaît et devient un canal qui va s'engloutir dans l'étang sus-nommé. Le terrain sous lequel elle passe est rempli de trous et de crevasses, où s'engloutissent très-souvent les bœufs et les moutons assez imprudents pour aller chercher leur nourriture dans ces parages trompeurs.

5° Que le département compte plus de 40 sources d'eaux minérales et plusieurs grands établissements thermaux tels que Arles, Amélie-les-bains, la Preste, Nossa, Molitg, Escaldes, Vernet, Vinça, Gaus et Boulons ; que les eaux

minérales de Boulous possèdent de très-remar-
quables vertus thérapeutiques, et que pour certaines affections, elles rivalisent avec celles de
Vichy, qu'il ne leur manque que d'être connues.

6° Que les curiosités naturelles sont très-nom-
breuses. Ce sont d'abord les grottes de la Cova
Bastera, à Villefranche, de la Cova-d'en-pey, à
Montferrer, sans préjudice de celles de Britchut,
de Sirach et de Corbère dans lesquelles on admire
de belles stalactites d'albâtre ; puis l'ermitage de
Saint-Antoine de Galamus, formé de grottes dis-
posées en chapelles, et situé dans une étroite et
charmante vallée au fond de laquelle serpentent
capricieusement les eaux de l'Agly, et enfin la
fontaine intermittente de Cayelle, dans la montagne de Leo, dont les débordements réguliers
sont annoncés par un bruit souterrain semblable
au roulement du tonnerre.

7° Que la race des chevaux du Roussillon est
fort estimée, et que l'on trouve dans les montagne des ours, des sangliers, des loups, des
renards et des chamois en très-grande quantité.

Tel était le travail de statistique d'Eustache
Lenoir, que nos lecteurs nous sauront gré d'avoir
brièvement analysé ; sa lecture, émaillée de fré-
quents bâillements, n'avait pas duré moins de
vingt minutes.

Cyprien n'avait pas été plus heureux. Profitant
de ce que Arago était né à Estagel, il avait bravement copié les deux ou trois colonnes que la *Biographie générale* de Didot a consacrées à l'illustre

astronome; l'article nécrologique était très-complet. On y apprenait que François Arago, né à Estagel, le 26 février 1786, avait été tour à tour directeur de l'observatoire, membre du gouvernement en 1848, et puis ministre de la marine et de la guerre. Cyprien faillit être applaudi; malheureusement pour lui, Isidore Blondel, qui avait quelque lecture, découvrit la supercherie qu'il dévoila séance tenante, et l'infortuné compilateur fut criblé de huées et de sifflets. Son frère, toujours juste et sévère, le compara au geai qui se pare des plumes de paon, et lui fit remarquer combien la roche tarpéienne était rapprochée du Capitole, deux réminiscences classiques un peu usées sans doute, mais qui valurent à Saint-Blancard les félicitations de l'auditoire. Auguste Perrot même le traita à ce sujet d'homme spirituel. Il y a des flatteurs partout.

Le pauvre Cyprien avait ajouté à la notice extraite de la *Biographie générale,* deux ou trois pages concernant les mœurs des habitants du Roussillon, qu'il avait envisagés sous le rapport de leur amour pour les pompes de la religion. Les Roussillonnais, disait-il, aiment surtout les processions avec les bannières qui flottent au vent et les cantiques qui montent vers le ciel. C'est un goût qu'ils tiennent de l'Espagne, le pays des belles processions. Il y a peu de contrées en France où les églises soient aussi parées, les processions aussi pompeuses, les fêtes religieuses aussi suivies que dans le Roussillon. Le jour du Jeudi-Saint et celui de la Fête-Dieu font ressortir dans tout son éclat cette partie très-saillante du caractère national. Les murs sont tapissés de riches tentures, les chemins couverts de fleurs, l'air étoilé de cierges. Les hommes, les enfants, les vieillards, les jeunes filles ont revêtu leurs plus beaux habits, et tous, depuis le sexagénaire aux cheveux blancs jusqu'au bambin qui apprend à adorer le créateur, suivent le religieux cortége en s'associant d'esprit et de cœur aux prières et aux actions de grâces qui s'élèvent vers le Très-Haut !

Si ce n'est pas là la forme du fragment de Cyprien, c'en est du moins le fond. Cela, certes, était bien pensé, et surtout cela était l'exacte vérité ; eh bien ! personne ne voulut croire — et avec raison peut-être — que le frère de Saint-Blancard en fût l'auteur, et au lieu de lui donner quelque encouragement, on lui demanda en riant dans quel livre il avait pris tout cela.

C'en était fait de Cyprien ; comme littérateur, c'était un homme coulé.

XIII

Des récompenses décernées par le sévère Saint-Blancard,
et de son troisième concours.

Le jour de la distribution des récompenses
arriva enfin, et à cette occasion il y eut un autre
dîner, car on dînait à tout propos chez M. Saint-
Blancard; mais cette fois il n'y eut d'autres invités que les écrivains d'occasion qui avaient
concouru au prix fondé par l'amphitryon; c'était
un repas de famille.

Au dessert, M. Saint-Blancard fit connaître les
résultats de la décision du jury d'examen dont
il était le seul et unique membre. Le grand prix,
le prix Colbert de 50 francs, était accordé à Léon
Hilaire, en raison de son histoire du curé de
Savignac; Isidore Blondel et Silvain Moutonnet
avaient chacun un prix de 25 francs pour la
manière fine et ingénieuse dont ils avaient présenté l'histoire des principales localités du département.

Quant à Eustache Lenoir et à Cyprien, leurs
travaux furent déclarés, dans leur ensemble,

radicalément idiots, et adjugés aux lauréats couronnés qui, devenant libres de s'en servir selon leurs désirs et volontés, se conformèrent aux conditions du programme.

Restait le travail d'Auguste Perrot, l'employé des contributions indirectes. Il avait été, dans le rapport de Saint-Blancard, l'objet de plusieurs paragraphes spéciaux dont voici la teneur.

« Considérant que M. Auguste Perrot, bien qu'on doive lui tenir compte des patientes recherches auxquelles il s'est livré, n'a pas complétement satisfait, dans le travail qu'il nous a soumis, aux exigences de notre programme :

» Considérant que son tableau historique des villes de l'arrondissement de Cerret manque d'ampleur et de légendes, et qu'il ne saurait, dans l'espèce, malgré les brillantes qualités que l'on y remarque, soutenir le parallèle avec les travaux des lauréats sus-nommés :

» Considérant en outre qu'il faut savoir gré à l'auteur de ses efforts et de sa bonne volonté.

» Par ces motifs :

» Décrétons et arrêtons ce qui suit :

» Article 6 et dernier, un prix supplémentaire ds 7 francs 50 centimes est alloué à M. Auguste Perrot. Ordonnons que son nom soit imprimé sur la couverture du livre avec ceux de ses concurrents. »

— Et moi, M. le président, s'écria Eustache Lenoir, est-ce que je suis exclu des bénéfices de la publicité?

— Certainement, vous savez bien qu'aux termes de notre programme vous n'y avez aucun droit.

Cyprien n'osait pas réclamer. Sa mésaventure avait eu trop d'éclat; mais s'il ne disait rien, cela ne l'empêchait pas de penser bien des choses, et il se disait intérieurement que la gloire littéraire était très-difficile à acquérir, même à Estagel.

— De telle sorte, reprit Eustache Lenoir qui ne pouvait s'habituer à sa défaite, de telle sorte que MM. Blondel, Hilaire et Moutonnet vont passer, grâce à vous, à la postérité la plus reculée, tandis que les siècles à venir ne sauront seulement pas que j'ai existé. Est-ce juste, cela ?

— Pas de récrimination; elles sont inutiles. Le jury ne peut pas revenir sur sa décision.

— Mais le jury, c'est vous. Elle est bonne celle-là !

— Très-bien ! très-bien ! pensa Cyprien, qui était ravi de voir qu'on osait dire la vérité à son despote de frère.

— Je n'ai qu'un mot à répondre, riposta Saint-Blancard, il fallait faire autre chose qu'une olla-prodrida de noms et de chiffres, et vous auriez participé à nos récompenses. Voyez, M. Perrot !

— Mon travail vaut bien le sien.

— Vous êtes le seul à penser ainsi. D'ailleurs, vous allez avoir une belle occasion pour prendre votre revanche. Je fonde un nouveau prix pour l'hiver prochain.

— Merci! j'en ai assez de vos prix. Je me retire du concours.

— A votre aise; mais j'aime à croire que ces Messieurs n'imiteront pas votre exemple.

— Certes non, s'écrièrent à la fois tous les écrivains couronnés; faites-nous connaître les bases du programme, et, dès demain, nous nous mettons à l'œuvre.

— Cette fois, reprit Saint-Blancard, toutes les conditions seront écrites, et il sera remis à chaque concurrent un exemplaire du cahier des charges. C'est la seule manière d'éviter les contestations.

— Quel sujet aurons-nous à traiter? demanda Léon Hilaire, dont l'œil brillait d'une noble ardeur.

— Je ne suis pas encore fixé là-dessus, Messieurs, mais, dans tous les cas, ce sera un sujet historique. Quelque chose de grave et d'austère. Je vais m'en occuper sans tarder, et d'ici à une quinzaine de jours, j'aurai l'honneur de vous remettre le programme écrit. Pour le moment, il vous faut songer, Messieurs, à réviser vos travaux, à y faire des corrections, s'il y a lieu. Je veux que le manuscrit soit envoyé à l'imprimeur la semaine prochaine. Et maintenant, ajouta-t-il en remplissant les verres, à votre santé, Messieurs; puisse l'encouragement littéraire que vous recevez ici vous porter bonheur un jour!

— Vive Saint-Blancard! s'écrièrent tous les convives, à l'exception pourtant d'Eustache Lenoir, qui n'eut pas assez d'esprit pour cacher sa mauvaise humeur.

— Je bois à la décentralisation littéraire, exclama Isidore Blondel, le correspondant du *Midi artistique;* jurons tous ici de ne jamais rien donner aux éditeurs de Paris.

— Et de faire imprimer toutes nos œuvres chez Dupin, rue de la Pomme, à Toulouse, ajouta Hilaire. C'est là que M. Penchenat a publié son premier livre.

Cette plaisanterie étouffa la proposition de Blondel; la conversation se détourna tout à coup, comme un wagon qui déraille, et l'on se mit à parler de pluie et de soleil, de sainfoin et de luzerne; de l'agriculture on passa à la politique, chacun apprécia à son point de vue la guerre de la Chine, qui avait eu pour résultat la prise de Pékin, et le couvre-feu aurait sonné, si on avait sonné encore le couvre-feu, lorsque les salons de Saint-Blancard se vidèrent.

Saint-Blancard n'avait trompé personne. Quinze jours après, il distribua à ses familiers le programme de son troisième concours littéraire ; le sujet à traiter était l'*Histoire du commerce des sangsues chez tous les peuples depuis le commen-*

cément du monde jusqu'à nos jours. C'était une idée à Saint-Blancard.

Nous ignorons quelle a été l'issue de cette entreprise hardie; on nous a rapporté seulement que M. Auguste Perrot, épouvanté par l'étendue du travail, avait demandé à Saint-Blancard pour mener cette œuvre à bonne fin, un délai de quatorze ans ; il ne pensait pas consciencieusement, pouvoir donner lecture de son histoire des sangsues avant l'an de grâce 1874.

Le brave Moutonnet, d'un autre côté, n'aurait consenti, si nos renseignements sont exacts, à accepter les conditions du concours qu'autant qu'il lui serait alloué une indemnité de 2400 fr. par an, destinée à lui faciliter les moyens d'aller passer quatre heures par jour à la bibliothèque impériale de Paris, où il espère découvrir des documents inédits sur la matière.

Quant à Eustache Lenoir, profondément découragé par son échec, il persiste plus que jamais dans ses conclusions, et ne veut pas se mêler davantage au mouvement littéraire d'Estagel.

Il va sans dire que Cyprien se trouve naturellement hors de cause.

Reste donc Léon Hilaire et Isidore Blondel, qui se sont mis courageusement à la besogne. Espérons qu'ils aboutiront à un chef-d'œuvre. C'est la chance que nous leur souhaitons.

P. S. Nous apprenons au moment de mettre sous presse (style des grands journaux), que le volume de MM. Blondel, Hilaire, Perrot, Mou-

tonnet et C°, vient de paraître à Toulouse. Le
Midi artistique lui a consacré un article raisonné
de cinq colonnes petit texte, et le *Journal des
Pyrénées-Orientales* en a parlé dans les meilleurs
termes. Que le public fasse le reste !

FIN.

TABLE.

Typ. H. Castorman.